태양! 친구 삼아 걸어라

태양! 친구 삼아 걸어라

ⓒ 김영배, 2024

초판 1쇄 발행 2024년 9월 20일

지은이	김영배
펴낸이	이기봉
편집	좋은땅 편집팀
펴낸곳	도서출판 좋은땅
주소	서울특별시 마포구 양화로12길 26 지월드빌딩 (서교동 395-7)
전화	02)374-8616~7
팩스	02)374-8614
이메일	gworldbook@naver.com
홈페이지	www.g-world.co.kr

ISBN   979-11-388-3530-5 (03810)

- 가격은 뒤표지에 있습니다.
- 이 책은 저작권법에 의하여 보호를 받는 저작물이므로 무단 전재와 복제를 금합니다.
- 파본은 구입하신 서점에서 교환해 드립니다.

제6시집

태양! 친구 삼아 걸어라

―

별빛 불러내는 어둠의 옷자락

김영배 지음

좋은땅

♤ 시인의 말

♤ 꽃들의 환호에 마음껏 귀 내어 주고 싶어라

세상천지가 다 내 세상,
내 눈에 보이는 모든 꽃의 향기
모두 저마다 조물주가 만들어 준 신비한
옷을 입고 저마다 모양으로 꿈을 꾸고 있다.
다가가 손 내밀면 수줍은 듯 고개를 숙이며
작은 목소리로 뭐라고 속삭여 주었다.

키가 자라고 내 마음대로 천방지축 뛰어다닐 때, 세상의
그늘진 모습도 보이고,
내 맘대로 되지 않아
원치 않는 작별도 하고 쓰라린 일이
세상 여기저기 기다리고 있는 것도 알았다.

설레는 마음으로 반기고 반겨 주며 눈웃음치던 꽃들은
다 어디 가고 유월의 태양 아래
지친 숨 헐떡이며 아침에 맺힌 이슬과 함께 남녘 바닷바
람을 따라
일렁이는 저 푸른 산, 너른 들판도 익어 간다.

우리 인생길도 저 광야를
뜨겁게 하는 이글거리는 태양,
친구 삼아 한 걸음씩, 한 걸음씩
작은 꿈을 향해 앞을 나아가겠지.

꿈에도 생각 못 한 아름답고 행복한 우리 집,
가난하지만 작은 꿈이 몽글몽글 피어나는
엄마, 아빠 품에 나를 보내신
주님의 은혜로 걸어온 인생길,
낮에는 뜨거운 태양을 벗 삼고
밤에는 어둠의 이부자리에 새겨진
별빛들의 속삭임을 쉼터 삼아
한 걸음씩 낯선 길을 걸어왔다.

이제 어디까지 걸어왔나?
무얼 위해 몸 부대끼며 걸어왔나?
앞으로 바라보이는 저 길,
무얼 바라며 무얼 즐거워하며 살아갈까?

가난한 마음이 녹슬지 않고
저 들꽃의 친절한 눈인사가 싫지 않도록
날마다 지친 마음을 깨우리라.

그 언젠가 걸어온 여정 돌아볼 때,
길가에서 나와 마주쳤던 작은 꽃들의 환호에
마음껏 귀 내어 주고 싶다.

        2024년 7월 16일 화요일
      댕이골에서 야화금애(野花今愛) 김영배

차례

♤ 시인의 말　　　　　　　　　　　　　　　5

1장 인동꽃: 헌신적인 아버지의 사랑 꽃
(기간: 2020년 8월)

못다 핀 꽃 한 송이　　　　　　　　　　18
길 잃은 마음　　　　　　　　　　　　　19
이제 허락하소서　　　　　　　　　　　23
가슴앓이　　　　　　　　　　　　　　　24
젖은 땅에 땀방울　　　　　　　　　　　25
알아 가는 길　　　　　　　　　　　　　26
그래?　　　　　　　　　　　　　　　　27
첫 고백　　　　　　　　　　　　　　　28
역사의 무대　　　　　　　　　　　　　29

2장 민들레: 행복과 감사하는 마음에 피는 꽃
(기간: 2020년 9월~2020년 11월)

이 바람 지나고 나면　　　　　　　　　32
십자가　　　　　　　　　　　　　　　　33
성미(聖米)　　　　　　　　　　　　　　36
소낙비　　　　　　　　　　　　　　　　38
새벽 비　　　　　　　　　　　　　　　40

그땐 몰랐다	41
발목 붙잡는 손길	43
들길에 걸친 가을	45
허리를 굽혀야	46
웃어라!	48
어머니, 그 이름	49
그리운 고향에는	51
나그넷길	52
깊어 가는 가을 녘	53
고향	55
가을 걷기	56
여무는 소리	58
눈앞에 어른거리는 파리	60
인생	62
神을 만나 본 자	63
벼랑 위 꽃	65
넘어지지 않고는	67
난, 아직	69
빠져나가기 직전의 가을	71
붓꽃	73
타는 목마름으로	74
흔하디흔한 낙엽일지라도	76
과연 신(神) 섬기는 예(禮)?	78
넘어지다 생긴 근육	80
목울대	82
빈자리	84
구불구불한 길	86
문턱 기도	88

살아 보리	90
희망	91
인생의 그림	92

3장 나팔꽃: 결속과 허무한 사랑 속에 피는 꽃
(기간: 2020년 12월~2021년 2월)

난, 행복한 사람	94
오늘 여기	97
어둠에 오신 예수	99
봄 꿈	102
반길 그대	103
역사의 숨결	105
태평양이라도 건너	106
인생 열차	108
흐르는 강물 따라	111
아버지, 미안합니다	112
기적, 일어날 수 있다면	115
지구촌 파수꾼	118
선물	120
고독(孤獨)	121
자랑	124
아침 여는 마음	126
우리의 영웅	128
당신은 왜?	130
언 땅에서	132
한 줄기 빛	133
♤ 내 사랑하는 아들, 결혼하는구나!	135
마음길	139

인생, 홀로 가는 길	140
봄볕 드는 날	142
겨울비	144
나도 울고 싶다	145
깜냥	146
들꽃 향기	147
무대	149
그리운 마음	151
청풍(淸風)	153
봄볕 드는 언덕	154
더딜지라도	155
낯선 땅	157
땅 두드려	158

4장 접시꽃: 풍요, 야망, 그리고 열렬한 연애 꿈꾸다
(기간: 2021년 3월~2021년 5월)

올봄에는	160
화가 난다	162
봄 오는 소리	164
봄바람 불어	166
낯선 길에	168
작은 외침	170
그날이 더딜지라도	171
봄 가는 소리	173
낯선 새벽	175
엠마오로 가는 사람들	178
봄날은 꿈같아	180
광야에서 외치는 자의 소리	181

봄비, 단비	183
푸른 꿈	185
4월의 하늘	187
설마!	189
한 떨기 꽃잎 지고 나면	191
꿈꾸는 봄날 다하기 전	192
어디인가요? 언제인가요?	193
꽃잎으로 눈물을	195
왔다가 살짝 떠나	196
수도원	197
난, 외면할 수 없습니다	198
한 알의 밀알	200
내 마음에 피어난 꽃잎	202
농부의 꿈	203
꿈길	205
산딸기 같은 맛	207
개혁(改革)	208
멍든 가슴	209
한 번 마주친 눈동자	210
홍강아! 환갑(還甲) 너에게도	211

5장 능소화: 명예와 영광, 그리움 품고 피는 꽃
(기간: 2021년 6월~2021년 8월)

유월의 기도	214
길을 갑니다	216
농심(農心)	217
걸어가는 인생	218

아물지 않은 상처	220
그 얼굴	222
꿈은 왜?	223
시인과 꽃 한 송이	224
뜬구름에 천둥소리	225
금계국	226
샘 터지도록	227
누운 자의 하소연	228
하루의 기도	229
갈까 말까? 할까 말까?	230
곤란(困難)	232
장마 중 여유	235
빈자리 홀로 지킨 이	236
더도 말고 덜도 말고	238
임마누엘(Emmanuel)	240
저 별은 나의 별	244
저 별은 그대의 별	246
경건 훈련	247
갈증	249
작은 손길	251
숨	252
바라보고 있나요?	254
은하수	255
'참을 인(忍)' 자 새기며	256
고향이 천국	258
앞서간 손길 그립기만	260
내 인생에 박수	262
외롭다고?	266

빠삐용	268
통일의 꿈	270
시(詩), 왜 쓰나?	273
하늘 나는 꿈	276
사랑은 어디서?	278
그대, 돈인가?	279
던져 버리고 싶은 짐	280

6장 범꼬리꽃: 호랑이 정기 품은 보물 주머니
(기간: 2021년 9월~2021년 11월)

아홉 고개 넘는 달	284
좋으련만!	285
가고 없는가?	286
가을비 촉촉이 적시면	287
동창(東倉)	289
메마른 흔적	290
굵은 땀방울만큼이나	294
마음의 길을 따라	296
길 가노라면	298
경건?	300
그대의 아침	302
당신의 모습	303
수염, 왜 그래?	304
하늘, 우러러볼 수 있다면	306
태초에 열어 놓은 길	307
허리를 동이고	308
사랑만 살기에도	310

♠ 사랑하는 아들 명진이 생일날　311
홀로 피어도 아름다운 코스모스　313
묶어 두고 싶어라　315
소나무　317
단 한 번만이라도　319
하루　322
나에게　323
당신을 위하여　326
사는 게 뭔지?　328
솔향　330
산행　331
가을 길, 가야　333
이 비 그친 후면　335
떠나는 가을　336
살다 보면　337
그대는　339
걷기　340
결전을 앞둔 마음　342
바람 부는 날　344
충격　346

1장

인동꽃:
헌신적인 아버지의 사랑 꽃
(기간: 2020년 8월)

못다 핀 꽃 한 송이

서릿발 서고 함박눈 내리는 날이면
봄 넘어오는 길목 서서 임 마중

뙤약볕 머리 태우고
매미 소리 귀청 때릴 때면
꽃잎 씻어 내린 눈물로
가을날 여문 맛에
아린 마음 달랜다

못다 핀 꽃잎
임 향한 그리운 노래
사랑으로 보는 눈길만
그 고백에 화답할 수 있으리

길 잃은 마음

온종일 기다려도 아무도
찾아오지 않는 집 지키는 사람이 있다
한때는 칠 남매에 온통 시끌벅적한 큰 방
작은 방, 마당도 좁게만 느껴졌다

한 방 가득하던 자식들 웃음소리 어데 가고
빈 둥지만 지켜 내는 밤 깊어 가고
눈망울은 자꾸만 흐리나?

외로이 너른 마당만 바라보는 눈길
더는 기다리지 않아도 탓할 사람 없다
한없는 기다림, 천 년을 하루같이
기다리던 자식 사랑, 저 멀리 쫓아가서도
잡을 수 없는 곳으로 떠내려가고 말았다

세월, 이래서 야속하다 하는가?
텅 빈 마당에 낯선 장독대
기름진 텃밭 지키던 풍성한 채소
성난 잡초 그 자리를 차지하고 있다

돌아가시기 일 년여 전 우리 셋방
함께 잠시 모시고 음식도 대접하고
가시도 빼내고 살을 발라
흔들리는 숟가락에 올려 드렸다

식사 끝날 무렵 얼른 부엌에 가서
구수한 숭늉 끓여 어머님께 가져다드리면
맛있게 드시는 모습 얼마나 좋았는지

음식 드신 후 식곤증 못 이기고
주무시는 모습
지친 착한 천사 모습이었다
그 모습 그대로 영원히 우리 곁에
천사로 머물 수 없는가?

엄마랑 이렇게 함께 있으니 정말 좋아요
이렇게 밥도 같이 먹고
바라볼 수 있어서 참 행복합니다
왜, 그때 사랑한다고 말하고
또 말하지 못했을까?

이 땅에 어머니, 아버지 아들로
태어난 것이 복입니다

어릴 때 받은 사랑, 참으로 크고 놀라웠습니다
정말 감사하고 고맙습니다
왜, 그때는 마음에 담고 있으면서
더 밝은 모습으로
더 사랑하는 눈길로 말하지 못했을까?

팔십구 세 누리고 하나님의 부름을 받고 나니
너무나 아쉽다. 되돌리고 싶다. 그 세월을
나의 뜨거운 마음을 받아 줄 그 눈길 없고
작은 발걸음에도 들고다막굴 달려 나오시던
어머니의 작은 몸짓
이제 어디 갔는가?
옛터는 왜, 이다지 고요한가?

매일 전화하시던 그 목소리
그 정겨운 목소리
사랑 가득 담긴 그 목소리
세상 어느 곳에 가서 다시 들을 수 있는가?

자식들 천 리 타향에서 고향 집 온다는 소식
온몸으로 들떠 반겨 주시던 그 환한 얼굴
세상 끝까지 가면 만날 수 있을까?

아! 그리운 어머니 냄새
이렇게 종일 장맛비 내리는 날이면
자식에 대한 그리움 얼마나 더했을까?

이제 허락하소서

장맛비 주룩주룩 흘러내립니다
하염없이 내리다 산자락 밀고 내려옵니다
흙과 모래 함께
커다란 바윗덩어리도 굴러옵니다

골짜기 졸졸 흐르던 물
성난 물결 이루어 밭을 덮치고
과일 나뭇가지 부러뜨리고
풍성한 농작물 망가뜨립니다

여기저기 안타까운 소식, 줄을 잇습니다
농부들의 입에 한숨, 탄식 소리
눈망울에 눈물 가득합니다
내 친구도 이번 장맛비에 떠내려갔습니다

이제 거두어 주소서
이제 한숨과 탄식 그치고
평안과 위로, 치유와 회복 내려 주소서
이제 비 멈추고
숨겨 둔 무지갯빛 희망 보여 주소서

가슴앓이

배웁니다
떠나간 뒤에야
쉬지 않은 희생의 손길
내 몸 스쳐 간 것을

알아 갑니다
그 임 비운 자리에
사랑의 흔적
여기저기 묻어 있는 것을

아쉬워합니다
눈앞에 어른거려도 보이지 않던 당신
다시 올 수 없는 길로 가고 난 후에야
눈앞에 밝히 보이는 것을

그리워합니다
작은 사랑 심어 나가면
언젠가 그날이 와
다함없는 사랑터에 다시 만날 것을

젖은 땅에 땀방울

코로나 19 질병에 탄식 소리 그치지 않는데
장맛비에 원망과 한숨 소리 뒤섞여
푸른 하늘로 둥실 올라간다

감사와 은혜를 기억하기보다
너무나 가볍게 원망과 불평을 안고
두둥실 하늘 높이 잘도 올라간다

동녘 잊은 듯 태양 떠오르면
아무 일 없었다는 듯 풀벌레, 벌, 나비
부지런히 땀 뻘뻘 흘리며 날아든다
태양과 눈맞춤 한 땀방울
그 달콤한 맛을 알기에

쓰러진 산과 뒤엎어진 농토
떨어진 열매의 한숨 소리
구겨진 마음 다잡고 턱 밑까지
솟아오르는 숨 다독여
하늘 마주하는 눈길로
고요한 땅에 땀방울을 뿌린다

알아 가는 길

삶에서 무엇을 배울 것인가?
무엇이 마음에 파고드는가?

역사에서 무엇을 배우고
몸뚱이에 익힐 것인가?

인생에서 무엇을 배우고
사랑하고 마음이 뜨거웠는가?

역사에 한 걸음 내디딜 만한가?
삶에 정 붙이고 사랑할 만한가?

대답하라. 고요한 물처럼
응답하라. 사랑을 살아 낸 삶으로

그래?

내가 알지 못하는 곳에도
나처럼 생긴 사람 살고 있다

내가 세상의 중심
우주의 유일한 존재
존귀한 자인 줄 알았는데

나처럼 생긴 사람
나처럼 밤하늘 별을 보며
또 다른 꿈을 꾸고 있다

나는 너를 보고
너는 나를 보고 꿈을 꾼다
온 우주에 빛나는 강물 흐르도록

첫 고백

태초에 하늘 열릴 때
새 땅, 새 동산에 사랑과
생명의 과일 주렁주렁 달아 놓고

끝날에 홀로 서 있는 아담
외로워 그의 갈비뼈로 여자를 만드니
내 사랑아! 내 기뻐하는 자라

하늘 장막 열어 놓고
별빛 창공에 뿌려 놓고
형형색색 기화요초(琪花瑤草) 피워 놓고
하늘 아버지 사랑의 주례사

처음 하늘 아래, 처음 동산에
태초에 만난 내 첫 사람
살아야지, 사랑을

　　　　　＊ 기화요초(琪花瑤草): 옥같이 고운 풀에 핀
　　　　　　　　　　구슬같이 아름다운 꽃

역사의 무대

길이길이 끊이지 않고 흐르는 강물처럼
유구한 역사, 무궁한 역사
별빛 쏟아붓던 밤하늘 수다처럼

역사 멈춘 줄 모르는 듯 흐른다
뜨거운 열정도 숨겨 두고
얼음보다 더 차가운 우정도 감춰 두고
밤사이 부딪히고 멍든 파도처럼

과거 수많은 영웅호걸(英雄豪傑)
미끄러지듯 스쳐 지나간 그 길
외롭고도 쓸쓸한 역사의 무대

수없이 오고 가는 역사의 관객들 뒤로하고
너도 나도 그 언젠가 무대 뒤로
뜨거운 심장 소리 남겨 두고 떠나가리라

따뜻한 박수와 아쉬운 정
미련과 섭섭한 마음도 아낌없이
내려놓고 그대 어디로 사라져 가는가?

가고 나면 다시 올 수 없는 그 길
보냄을 받았기에 떠나온 곳 향해 가리라
처음 시작한 사랑의 고백 따라
처음 꿈꾸던 사랑의 동산으로 가리라

역사의 무대 떠나는 그에게 묻고 싶다
지나온 역사의 무대
떨구어 놓은 미련 없는지?
되돌아가 거두어들여야 할 흔적은 없는지?

난, 무궁한 사랑의 동산을 향해
새로운 역사의 무대를 향해
한 걸음, 한 걸음 걸어가리라

2장
민들레:
행복과 감사하는 마음에 피는 꽃
(기간: 2020년 9월~2020년 11월)

이 바람 지나고 나면

거칠 것 없는 태풍, 하늘 덮더니
남녘의 바다 차고 올라와
세상사 시끄러운 소리 잠잠하게 합니다

그저 웅크리고 앉아
생채기 덜 나도록 기도하며
벼와 고춧대, 과일나무 얽어매고
흐트러진 마음도 다시 동아줄 하나로
동여맵니다

거칠고 사나운 바람 때문에
느슨한 뿌리 깊이 박히겠지요
이 풍랑 때문에 상처 남겠지만
더욱 노련한 인생의 사공 되겠지요

시커먼 구름 저 멀리 보내 놓고
시원한 바람 불어와
계절의 변화 실감하게 합니다
하늘과 땅, 바다와 들녘
지친 사회와 묵은 마음마저 새롭게 하여
거침없이 맑은 하늘 보기를 소망합니다

십자가

누구에게나 십자가는 있다
어떤 이는 알고 지고 있으나
어떤 이는 모르고 지는 이도 있다

벗으려야 벗을 수 없는 신체적 장애
걷고 싶으나 체육 시간, 운동회 때도
운동장에 가만히 쭈그리고 앉아 있다

옛 군왕도 어쩔 수 없는
가난을 십자가로 져
주린 배 움켜쥐고 가족들 슬픈 배
채우기 위해 허리띠 졸라맨다

얼마나 답답할까?
태어나면서부터 내 세상엔 빛 없었다
어둠이 내 친구요, 세상은 암흑,
더듬거리지 않으면
한 발짝도 앞으로 나갈 수 없으니

고향을 등지고 부모, 형제도 등지고

전쟁의 포화 피해 끈끈한 정 하나만
가슴에 품고 통일의 그날만 기다리며
역사의 신(神) 앞에 은혜를 구한다

가슴에 피멍 들고
강산이 수차례 변하도록
인간이 만들어 놓은 철의 장막
흔들릴 줄 모른다

하늘의 하나님께 원수 된 인간 위해
질병과 사망의 형벌 대신 지고
하늘 아버지께 버림받고
거짓과 부패로 가득한 사람들의
조롱과 배신당하고 버림받은
십자가 지고 골고다길 간 나사렛 예수

각자에게 주어진 무거운 십자가
지기에 힘들기에
내던져 버리고 싶은 충동
느낄 때가 몇 번인가?

그래도 꾸역꾸역 지고 가야지
갈보리 그 언덕까지

최후 승리 얻기까지 죽음으로
순종하며 걸어간 그분의 자리까지
나도 가야지
저 하늘만 바라보며

성미(聖米)

안산으로 이사 온 지
몇 해 지나지 않았을 때 일이다
그때 끼니 거를 만큼 가난하지 않았다

청년 시절 십여 년 다니던 서울 D 교회에서
한 말 정도의 쌀을 보내왔다. 성미인가 보다
감사기도 드린 뒤 그 쌀자루 열어 보았다

성미(聖米)는 신자들이 밥을 지을 때마다
주의 종과 가난한 이웃과 함께
나누는 마음으로 조금씩 모아 놓은 쌀이다

바구미와 쌀벌레가 거의 절반
그냥 보면 쌀같이 보이지도 않았다
쪼개지고 잘게 부스러진 쌀과
벌레의 배설물로 가득했다

아마도 성미로 받아 놓고
오래도록 먹지 않아서인지 쌀벌레로 가득해서
쳐다보기도 역겨웠다

이걸 먹으라고 보내다니…
피난 시절 같으면 좀 이해하겠는데…

들으니 그 교회에서 날 고아로 알았다고 한다
난, 명절에도 고향에 내려가지 않고
그 교회 명절 특별집회에 참석했고
어머니 회갑 때도 그 교회에 출석해야만
옳은 신앙인 줄 알고
어머니 회갑 잔치 불참했다

그때는 그것이 신앙인 줄 알았다
그래도 남은 것 이웃과
나누는 마음이 얼마나 갸륵한가?
모두 각자 자기 믿음대로 사나 보다

소낙비

화성시 팔탄면(八灘面) 다녀오는데
때 늦은 소낙비
말 그대로 억수같이 쏟아붓는다
차 와이퍼 가장 빠르게 해도
쏟아져 내리는 빗물로 눈앞이 뿌옇다

팔탄(八灘)은 넓은 들을 적시는 여울이란다
여기 내린 물들 온 땅 어루만져
이롭게 하고, 저 하늘 높이 날아오르리라

비 양동이로 퍼붓는 것처럼 쏟아져
순식간에 거북이 차량으로 거리 가득했다
수요일 조금 일찍 퇴근하는 길에 차가
한꺼번에 모여 복잡했으나
사고 없이 안전하게
집에 도착하기를 바랐다

안산 집에 거의 도착할 무렵
서쪽 하늘에 이끌려 무심코 쳐다보았다
순간 눈을 뜨고 똑바로 바라볼 수가 없다

아마 태초에 빚어낸 그 빛도
저렇게 찬란하지 않았을까?

뭉게구름 함께 어울려 빚어낸 서녘 하늘
말 그대로 태초의 세상
처음 세상의 시작 알리는 듯해
내 맘과 눈길 사로잡을 만하다
아름다운 꿈 저 찬란한 서녘 하늘에
띄워 올려도 괜찮을까?

새벽 비

비가 와서 엷은 이불 적셔
단잠 이어 주는 향긋한 멜로디

새벽 비가 와서 아직 남은
성난 열기 식혀 주는 좋은 아침

새날 마음 적시는 하늘의 비
산과 들 새롭게 하고
씻은 태양으로 새벽이슬 깃들어

산과 들 두둥실 매달린
너랑 나랑 가꾸어 온 열매
향긋한 단맛 불러내도다

잠든 사이 내려온
잔잔 달콤한 가랑비
거친 마음조차 깨끗이 씻어 내어
새길 열어 가도다

그땐 몰랐다

초등학교 갔다가 집에 돌아와
집에 아무도 없어도
저녁 되면 장사 나가셨던 부모님
틀림없이 돌아온다는 사실
그렇게 행복한 일인지 그때는 몰랐다

소풍 갈 때 한 번도 따라오시지 못한 울 엄마
사이다에 맛있는 도시락 싸 주시며
소풍 잘 갔다 오라고 했을 때
남들은 엄마가 따라와서 부러웠는데
지나고 나니 떨어져 있지만 넓은 울타리 안에
엄마 아빠 함께 계셔서 얼마나 행복한 일인지
그때는 잘 몰랐다

그냥 찬 보리밥에 물 말아서
된장에 고추 찍어 먹던 때가 좋았는데
엄마가 우리 위해 쉰밥 되지 않도록
대바구니 안에 넣어 두신 사랑인 걸
그때는 왜 몰랐을까?

부모가 이것저것 하라고 하면
짜증 나고 싫증 나고 했지만
나에게 이래라저래라 할 부모가 계시는 것
얼마나 행복한 일인지 그때는 몰랐다

가난한 살림살이에서도 잊지 않고
일곱 남매 생일 때마다
달콤한 시루떡과 미역국 끓여 내신
어머니의 손길
얼마나 귀한 사랑인지 그때는 몰랐다
열일곱 낯선 타향살이 이후
내 생일은 까맣게 잊고 지냈다

허리 구부정하여 늙고 병들어
기운도 없고 행동 굼떠도
자애로운 어머니와 함께 있다는 사실
그 자체가 얼마나 행복한 일인지
그때는 몰랐다

그저 어머니가 곁에, 아니 떨어져 있어도
거기 계신다는 것만으로도
얼마나 행복한 일인지
왜, 그때는 깨닫지 못했을까?

발목 붙잡는 손길

시원한 산바람 불어와 손잡고 가잔다
하늘은 푸르고 살랑 바람
지친 어깨 어루만진다

상쾌한 마음에
콧노래 앞길 열어
숲속 품 파고든다

사람 드물게 찾는 오솔길
방향을 잡으니 솔바람 가슴팍에
부딪혀 몸과 숲 곧 하나가 된다

얼마쯤 걸었을까?
갑자기 낯선 손길 발목 붙잡는다
잠깐 쉬어 가라고

반짝반짝 빛나는 곳 눈길 멈추니
여름날 태양 마주해 벌겋게 그을린
밤톨 배시시 웃는다
자기를 꼭 안고 데려가라는 듯

허리 굽혀 한 번 더 둘레 살펴보니
멋진 나그네 기다리는 눈길
여기저기 설레는 얼굴로 다가온다

아이, 좋아라
처음 찾아온 가을 손님 데리고
저 푸른 고갯길까지 다정히 손잡고
가을 길 가련다

들길에 걸친 가을

깊숙한 가을 품으로 안내하는 가랑비
여심 모르는 듯 온 들을 적시네

밝고도 고운 임의 얼굴
그 어디에 숨었나?
들 향기에 감췄나?
고운 꽃잎에 숨었나?

이 비 그치고 나면
코스모스 씻은 듯 밝게 웃고
수줍은 들꽃 향기로 물들겠구나

가을 가는 나그네
다리 출렁이고 갈 길은 언덕 너머
지친 마음만 여전히 하늘을 나네

허리를 굽혀야

은혜의 계절, 산길 걸으면
반가운 얼굴과 마주한다
반짝반짝 빛나는 가을 밤톨 도사다

얼마나 반가운지
허리를 굽혀 품에 안는다

무심코 지나면 달콤한 맛 진한
밤톨 도사 깊은 맛 느낄 수 없다

허리를 굽혀 자세히 보면
또 다른 친구 만날 수 있다
거저 주우니 은혜 아닌가?

내가 심지도 가꾸지도 않고
토실토실한 밤톨 주우니
이 어찌 감사하지 않은가?

은혜 구하는 데 익숙지 않은 허리가 있다
어디에 쓰다가 굳어졌나!

돈에 아부하고 권력에 굽실거리는데
유연하게 허리 굽히는 이들 아니겠는가?

허리를 굽혀야 은혜 줍는다
하늘이 내린 짜릿한 감동
어찌 뻣뻣한 허리로 맞을 수 있는가?

웃어라!

웃어라!
찬바람, 눈서리 머리에 인 채
꽃잎 열릴 때, 아무도 모르게

미소 지어라!
반석같이 굳은
마음 열릴 때

즐거워하라!
하늘과 땅 마주 보며
그 비밀의 문 열 때
들키지 않도록 은밀하게

세상 다 내어 주고도 아깝지 않은
그 사랑 만나거든
기뻐하라!
그 사랑으로 미칠 때까지

어머니, 그 이름

어머니, 그 이름
부르기만 해도 가슴이 먹먹하다

그 이름
한없는 자애로움 앞에
머리를 숙인다

그 이름
기다리는 자유는 있으나
떠날 수 없는 망부석 같은 자리

어머니, 그 이름
부르다, 부르다 목이 메
남겨 놓은 이름이여!

어머니, 그 이름
가고 나니 더 부를 수 없어
슬픈 이름이여!

어머니, 그 이름

불효자 뒤늦게
애통해하는 이름이여!

그리운 고향에는

초가집 고향에는 모시 송편
모락모락 향 피어나고

설레는 마음 모아
두둥실 매달린 커다란 대추
장대 따라 춤추듯 떨어지고

바쁜 부엌일에 시루떡
배고픈 형제들 눈동자
더욱 초롱초롱 빛나게 하는구나

황금 들녘 물든 둥근달 너머
어른거리는 그리운 얼굴
누구의 마음을 애잔하게 하나?

나그넷길

가을 하늘 열어 놓은 맑은 공기
향기로운 흙냄새
가슴팍 파고든다

코스모스 향기
나그넷길 붙들어
어느 귀퉁이 돌아
어느 길 가느냐 묻는다

너도 나도 대롱대롱 춤추는데
가을의 달콤한 맛
인생길 가는 맛까지 느껴 봤으면
얼마나 좋으리오!

깊어 가는 가을 녘

햇볕 따가워 아직 머리 들기는 힘들지만
그늘에 이르면 어찌나 시원한지
거기 정자라도 하나 짓고
마냥 가을 길 붙들어 두고 싶습니다

아직 다 영글지 못한 들녘
논과 산밭 널린 곡식, 과일나무들 사이
여름내 기나긴 장마, 뜨거운 햇살 아래 데인
여러 상처 입은 작은 열매들

염치없지만, 허술한 믿음 비웃듯 쏘다니는
질병의 잔혹한 상처에 아파하는 가슴들
속히 나음을 얻어
평화의 땅으로 돌아가게 하소서

깊어 가는 가을만큼
우리의 삶도 깊이 익어 가고,
지친 삶의 한가운데로
평안의 강물 길이길이 흐르게 하소서

아침저녁 불어오는 찬바람
마음과 몸 따스하게 하고
한낮에 따가운 햇볕 과일 영글어 가듯
인생의 깊은 맛 우려내는
가을날 되게 하소서

고향

언제나 그리운 고향
달려가면 그곳에 없는
어머니의 너른 품속

고향, 어머니의 숨결
그 고운 숨결 영원히 고동치리

고향
지지 않는 친구의 손길
황혼에 물든 아름다운 추억

고향
끊을 수 없는 꿈의 물결
깊은 밤에도 쉬지 않는다

아!
고향, 언제나 잡힐 듯하나
달려가면 저 멀리 달아나는 무지개

가을 걷기

앞뒤 가리지 않고 마냥 걸어도
기다린 듯 반겨 주는 들길
아롱다롱 산길

어깨 위에 있는 짐
마음에 눌린 멍에 미련 없이 내려놓고
자연인처럼 숲속으로
들길 따라, 남몰래 흐르는 강물 따라
사뿐사뿐 걸어가 보자

산길, 너른 품으로 반겨 주고
들길, 들꽃과 함께 코스모스 향기로
처음처럼 반겨 주지 아니한가!

눈 돌리면 다시 나비처럼
고추잠자리처럼 사뿐히
어깨 위로 내려앉은 세상사

저 하늘 하얀 뭉게구름 뒤
숨겨 둔 무지개 있기에

길을 간다. 처음 하늘과 땅
마주한 것처럼 들길을 간다

여무는 소리

따가운 가을 햇살
싫지만은 않은 들녘
푸른 하늘 저만큼 맑은 미소로
청춘아!
경쾌한 발걸음으로 지지 않은 꿈
머금고 함께 가자 부르는 가을바람

곳곳 곡식 여무는 소리
때마다 말과 사람 살찌는 소리
떠들썩하나 정겹습니다

아직 넘어져서 일어날 기운
음식 입에 넣고도 씹을 힘
지친 무릎 일으켜 허리 펼 일조차
힘겨운 사람들

감사한 마음과 함께 저들 나음을 얻고
행복한 웃음, 평화로운 기쁨
누리길 소망합니다

계절의 변화 즐기고
때마다 은혜 줄 선물 예비하신 이
늘 곁에 있음에
감사한 노래 곁으로 다가옵니다

눈앞에 어른거리는 파리

어느 날 눈앞에 파리 같은 게 날아다닌다
눈 속에 뭔가 들어가서 그런가
자세히 살펴보았지만, 티가 들어간 건
아닌 게 분명했다. 그러나 눈동자를
움직일 때마다 파리 같기도 하고 모기 같기도
한 게 이리저리 왔다 갔다 한다
무척 당혹스럽고 놀라운 일이다
내 눈 속에 벌레가 들어 있다니
어쩌면 좋은가?

머리를 감고 거울 본 후에 더는 미룰 일
아니어서 곧바로 안과병원 찾아갔다
도대체 무슨 일이 내 눈 속에 일어난 것일까?
두근거리는 마음 달래며 진료 기다렸다
의사는 눈 찍어 보자며
특별촬영기로 안내했다

결과를 기다리는데, 의사는 편하게 얘기한다
이것은 비문증(飛蚊症)이라는 것인데
검은 동자 일부분이 깨어져 나와

돌아다니는 것이 파리처럼 보인다고 했다
한마디로 충격이었다
놀라고 당황한 것은
고쳐지지 않는다는 것이다
약물로 약간 그 물체를 작게 할 수 있단다
저 날파리를 내 눈에서 꺼낼 수 없다니…

위로라면 위로일까
담당 안과 의사도 그 비문증 갖고 있단다
또 그것은 눈에 큰 지장은 주지 않는다며
잘 적응하는 것이 최상의 길이라며
비문증에 관한 신문기사를 복사해 주었다

아! 이렇게 인생이 세월 보내고
낡아지고 쇠하여 가는구나
그동안 아무 지장 없이 은혜로
맑은 하늘과 푸른 들과
찬란한 아름다운 들꽃을 보았구나
은혜였구나! 감사한 여정이었구나!
새삼스레 인생길 돌아보았다

  * 비문증(飛蚊症): 안구의 유리체 속에
  떠다니는 운동성 부유물로 인해 눈앞에
  무언가 떠다니는 것처럼 보이는 현상

인생

이 땅에 神의 냄새만 있다면
인간은 모두 神이 되고 만다

떡으로만 사는 사람 아니지만
神의 말씀으로만 사는 인생도 아니다

인간은 코로 숨 쉬고
마음이 아닌 눈으로 보고
발로 말하지 않고 입술로 말해야 한다

광야에서 굶주림에 목이 탄다
사람 사이에 미움과 갈등
뗄 수 없는 정(情)과 사랑

나고 자라고 꽃 피고 열매 맺고
작은 사랑의 몸짓 남기고
태고의 땅으로 조용히 스며든다

서늘한 가을 잎 사색에 잠기듯
인생길에 선 나그네
한 잎 두 잎 삶의 여정을 돌아본다

神을 만나 본 자

밤새 두려움에 떨며
하늘의 하나님
복과 생명을 주관하는 하나님께

내게 복 주지 않으면
놓아주지 않겠다는 몸부림으로
눈물로 은혜 구하는 처절한 목소리

내려온 응답은
네가 나를 이겼으니 이름을 바꿔 주마
야곱을 이스라엘이라 하라

여명 밝아 와
다시 인생길에 몸을 싣는다
꿈에도 그리던 고향 땅에 이르도록
절뚝거리는 다리

神을 대면한 자
밤새 은혜 구한 자의 응답으로
얻은 절름거리는 인생

너무하지 아니한가?

은혜를 아는 인생, 오직
神의 은혜와 사랑으로 사는 인생인 걸
알도록 하기 위함인가?

벼랑 위 꽃

기다란 그림자에 밀린 찬란한 태양
깊은 강물에 숨을 죽일 때
외로움은 너만의 고운 자태
드러내는 면류관이구나

일렁이는 강물로 검은 바위 빚어낼 때
타는 목마름으로 온몸 태우는
너의 향기 네가 살아가는 이유라

끊어질 듯 낭떠러지 매달려
어둠 깨뜨리며 걸어오는 소리 맞춰
부르는 노래 너만의 생명이구나

지는 해 붙잡고 매달리다
어스름한 달빛에 얼굴 묻고
견뎌 낸 절망의 시간
새벽이슬로 단장한 몸
다시 여명에 희망을 싣는다

넌 어찌 홀로 있어도

외롭지 않은 비밀 간직한 채
그 누구의 손길 닿지 않아도
은은한 달빛 이슬에 젖기까지
넉넉한 자태로 그 자리 지키는가?

넘어지지 않고는

길 가다가 넘어지지 않고는
뒤돌아볼 수 없나요?

우리는 앞으로 급하게 달려가는데
매우 익숙하여 함께 가던 동료
뒤처져 저 멀리 보일락 말락 해도
뒤돌아볼 여유, 삶의 자리에 남겨 두지
못하고 방법도 잊은 지 오래입니다

롯의 아내 탐욕 때문에 뒤돌아보다가
소금 기둥 되고 말았다는데
우린 자기 이익 얻는 데 얼마나 익숙하면
하루 몇 번이나 본능적으로 뒤돌아볼까요?

우린 넘어져 봐야
가던 길 멈추고 뒤돌아봅니다
뒤처져 겨우겨우 걸어오는 이웃
눈에 들어옵니다

과연 걸어가는 내 자리에

삶의 향기 묻어나는지
그제야 생각해 봅니다

가야 할 길 저 언덕 너머로 창창한데
서산에 해 기울고 마음만
메우지 못한 삶의 흔적에 애탑니다

난, 아직

난, 아직 배우지 못했습니다
주리고 목마를 때
사람이 떡으로만 사는 것이 아니라,
몸 검게 타들어 가는 삶의 밑바닥에서도
하늘 양식으로 사는 것을

난, 아직 배우지 못했습니다
광야에서 주린 배 채우러 달려와
생명이 주는 떡을 먹으면서도 다시
떡을 찾아 떠나가는 무리를 보며
홀로 남은 쓸쓸함을

난, 아직 깨닫지 못했습니다
당신을 메시아라고 고백하면서도
그 그늘에 잔잔히 흐르는
강물 같은 평안을

난, 아직 배우지 못했습니다
하나님의 거룩한 전에서
도둑의 소굴 만드는 저 위선자들 향해

채찍 들어 상을 엎으시는 당신의 분노를

난, 아직 배우지 못했습니다
하늘 아버지의 뜻 구하여
십자가 부여잡고 몸부림하며 뜨거운
땀방울로 밤이슬 녹이는 당신의 무릎을

난, 아직 배우지 못했습니다
갈릴리 바닷가, 여명에 물들기까지
배반의 그물 내리며 한 마리라도 잡으려다
긴 탄식에 빠진 제자들을 위해
아침 빵 구워 놓고 기다리는 삶의 여유를

빠져나가기 직전의 가을

깊어 가는 가을 길에
함께 길 가자며 따르는 가을비
저만치 젖은 잎으로 단장하고
앞서 걸어갑니다

단풍잎 함께 가을 물들어 가듯
나그네 인생길도 또 하나의 색 덧입히며
가을이 익어 갑니다

어떤 이는 가슴 떨리는 긴장감 가지고
그동안 갈고닦은 실력
평가받는 시간을 기다리고
어떤 이는 고단한 육신 벗어 버리지 못해
겨우겨우 힘겨운 인생길
돌다리 하나씩 놓는 이들도 있습니다

인생길 무대에 들어선 이상
그냥 말 수는 없잖아요
이름 없는 들꽃도 예쁜 자태 뽐내듯
너무 인적 드물어 찾아 반기는 이 없어도

지구촌 한구석 향기로 꾸미는 한 송이
들꽃처럼 자신을 이 땅에 보내 주신
창조주의 아름다움 꿋꿋이 살아가게 하소서

늦가을 길 재촉하는 비
촉촉하게 마른 단풍 고요히 누일 때
다시 올 수 없는 시간 그리워하며
가던 시간 붙잡고 나의 작은 그림자 찾을 때
무르익는 끄트머리 가을 길
나만의 이야기 한 줌 엮어 가게 하소서

붓꽃

익어 가는 가을만큼이나
인생의 걸음걸이 무채색
유채색으로 번갈아 엮어 온 나그넷길

사람과 사랑
생명과 은혜
씨줄과 날줄로
빚어내는 붓꽃 되길 소망합니다

앞길에 진리와 사랑 임 선하신 인도
은총이 함께하시길…
"이런 게 좋군요"
첫 번째 화집을 축하드립니다

* 홍표 형의 첫 번째 화집
『이런 게 좋더라』를 축하하며
2020년 11월 4일 수

타는 목마름으로

몸 메말라 간다
몸이 비틀어져 타들어 간다는 말
주린 배 쪼르륵 소리 들으며
온몸으로 배워 흔적 새겨 둔 날이여!

배움에 목말라
양팔을 재봉틀 모서리에 찍으며
졸린 눈 깨우기 위해 망치로 이마를 치며
바랜 책 끌어안고 잠든 적 몇 번인가?

몸 하나 누울 곳 위해
차가운 솜이불 뜨거운 몸뚱이로 덥히며
꿈꿀 곳 찾아 밤하늘의 별 헤아리며
방황한 그 외로운 발걸음

새벽이슬 젖어 무릎 흔들리도록
목 놓아 눈물로 기도하며
몸 타들어 가며 기도하던 다락방

하늘 문 향해 엎디어 기도한 후

남한강 위로 스며드는 물안개 바라보며
오장육부 다 드려 하늘의 하나님께
찬양하는 감격, 얼마나 신비한 일인가?

혼하디혼한 낙엽일지라도

빛 고운 가을 아침
혼하디혼한 노랗고도 붉은 단풍잎
하나하나 너도 곱고 나도 곱다

영원히 간직하고 싶으나
눈 돌이키면
젖은 땅에 뒹구는 낙엽

길가 밟히는 낙엽일지라도
찬바람, 눈서리 이겨 내고
부푼 가슴에 꿈 하나씩 심던 때
봄볕에 뜬금없이 뛰어나가
강아지처럼 뛰놀던 때

눈과 귀 설레게 하는 계절
손에 손 맞잡고 과일 꾸러미
가득 안고 돌아오는 당당한 발길

혼하디혼한 낙엽일지라도
스러져 누구에게나 밟힐지라도

남겨 둔 작은 숨결로
길 잃은 별빛 하나 따다가
그 언젠가 깨어날 봄 꿈 심는다

과연 신(神) 섬기는 예(禮)?

시장에서 기도하기 좋아하고
종교적인 행사를 자랑삼고
말마다 하나님의 말씀 앞세우며
잔칫집 상석에 앉는 것에 익숙한 그들

나사렛 청년 예수, 신을 모독한 죄
십자가에 못 박을 때
가장 앞장섰던 종교 지도자들
제사장, 바리새인과 서기관들

나사렛 청년을 죽이고
그것이 백성을 위하고
신(神)을 섬기는 예(禮)라 했다

힘자랑하는 종교, 부패했다는 증거 아닌가?
콩깍지는 있되 속은 텅 빈 그 모습
실망하고 돌아서는 길 잃은 양 떼들

새천년 살아가는 이 시대
과연 하나님의 종이라 자처하는 무리

이천 년 전의 잘못된 열심 특심했던
그 유대교 지도자들과 닮지 아니한가?

종교적 전성기 한창 누리며
붉은 십자가 깃발, 밤하늘 덮는
이 한반도 땅, 서울 거리에

넘어지다 생긴 근육

참고 버티고 견디다가
넘어진 그 자리에서
흙에 젖은 소망의 싹, 보게 하소서

부딪히고 맞은 자리
지워지지 않은, 동그라니 남은 상처
거기에 새싹처럼 자라난 근육
새 힘 얻게 하소서

정든 고향, 어릴 적 남몰래 꿈 심었던
그곳 별밤 틈타 떠나온 고향
가고 싶어도 갈 수 없는 그곳
가고 싶어도 갈 수 없어 소리 죽여 울던 곳

낯선 타향 긴 밤 홀로 보낸 이들
심장 고동처럼 끊어지지 않는
소망의 동아줄 붙들게 하소서

받은 상처와 고통, 두려움과 불안보다
그 누가 받는 좌절과 쓰라림

고통과 절망 이해하는 데 한 걸음
나아가는 용기를 얻게 하소서

목울대

한 번 울어서 잘된다면 얼마나 좋겠니?
한번 울기는 쉽다
눈물 목울대 타고 올라올 때
진정 목 놓아 울 때 기대하고, 꿀꺽 삼켜라

의로운 일을 행하고
사랑, 살아가는 삶을 살도록 해라
사랑, 말로 하는 게 아니란다
넘어지고 자빠지고 뒹굴고
몸부림하면서도 한 걸음만 나아가자

고난과 역경 없다면 삶의 맛 참 싱겁겠지
우리 인생 무대에 배우로 보냄을 받았다면
한번 춤춰 봐야지, 미친 척하고 말이야
아니, 미쳐야 잘 출 수 있겠지?

응원하는 관객 없을지라도
그칠 줄 모르는 저 넓은 파도 소리
끝없이 너른 들판 태풍에도 쓰러지지 않는
들풀 응원하는 노랫소리 들리지 않니?

살다 보면 예기치 않은 곳에
가슴 떨리는 일 일어날 거야
당황하지 마라. 이미 앞서 걸어간
사람들의 흔적 보이지 않니?

작은 미소로 따라가는 발걸음
그날 오면 어깨춤 추며
기뻐 울어 볼 날 기대하고
한 걸음씩만 걸어가자

지나간 발자국 지워질지라도
희미하게 새겨진 사랑이란 흔적 남긴 채

빈자리

세월이 가면 갈수록
흰머리 더 많아질수록
빈자리 더 커진다

어렸을 때 엄마, 아빠 계신 게 참 좋았다
어느 궁궐도 부잣집도 부럽지 않았다
칠 남매 바글거리며 함께 지낸 게
참 즐거운 일이라는 걸 뒤늦게 깨달았다

육십갑자(六十甲子) 지나서인가?
특별한 때만 아니라 보통 때
일상에 언제나 부모님 빈자리가 커 보인다
갈수록 더욱더 커지는 것 같다

자녀들 이런 마음을 알까?
항상 곁에, 아니 멀리 있어도
언제나 거기서 기다리며
반겨 줄 줄만 알았는데
지나고 나서야 온몸으로
시시때때로 느끼며 산다

그 자리, 얼마나 크고 든든한 곳인가?
낮의 태양과 밤의 달, 수많은 별 같았지
내가 따라갈 수 있어도
그 누가 따라오기 벅차리라

세월 가면 부모의 모습
점점 멀어지는데
왜, 그리움은 점점 가까이 다가올까?

구불구불한 길

한참 만에야 뒤돌아보니
내가 걸어온 길, 구불구불하다
보일락 말락 하기도 하고
때로는 끊길 듯하다 이어지기도 했다

똑바른 길이라면
얼마나 재미없는 인생일까?
험한 오르막길도 있었고
끝없이 추락하는 길은 없었으나
조금 낮은 곳에 웅크리고
삶을 견뎌 내기도 했다

쉰밥 찬물에 말아 먹어 보기도 하고
십 대 청소년 시절 늦은 겨울밤 늦게까지
야근하고 안양천을 건너
목동 자취방에 돌아올 때

불알 어는 것 같은 아픔을 느끼며
기나긴 겨울날을 보내기도 하고
잘 곳 없어 남의 집

대문 앞을 서성이기도 했다

부잣집에서 고기 굽는 냄새에는
익숙지 않으나
굽은 허리에 굵어진 손마디 사연에
작은 귀 내어 줄
삶의 이야기 하나쯤 간직하고 있다

서산 너머 빛 여울
이리저리 구부러진 길 그대와
나의 삶의 이야기가 반짝이며 물들고 있다

문턱 기도

저물어 가는 가을, 엎드려 기도해야 할 것
무엇이어야 합니까?
자신을 돌아보고, 형제와 이웃
곁에 함께 있기에 편안하고
조금은 행복한 길에 더 다가설 수 있는
이 나라, 이 강토 바라봅니다

창공에 두 팔 벌리고
늘 푸르기만 할 것 같던 잎사귀
늦은 가을비에 힘없이 내려앉은 낙엽
촉촉한 흙에 뺨 기대고 눕습니다

마치 높은 빌딩에서 추락하듯
떨어질 땐 한순간 같습니다
처량하기도 하고 측은하기도 합니다

젖은 땅 밟으며 뺨 스치는 소리에
귀 기울여 봅니다
하얀 눈으로 자신의 몸 녹여
따사로운 봄볕에 다시 깨어날 그때

꿈꾸는 새싹 위해
난, 여기 터 잡노라고

산과 숲, 들길, 강물
저마다 제 갈 길 가느라
누가 쳐다보는 줄도 모르는 듯
잠자는 아가처럼 평온합니다

나그네, 지는 해 바라보며
싸늘해지는 아침저녁 공기 두 뺨에 부딪히며
가랑비 젖은 몸 맨땅에 눕혀
또 다른 이의 꿈꾸는 낙엽
그 자리 함께하면 어떨까요?

두렵고 떨리는 마음으로
새달을 맞는 이들
지혜와 담대한 마음 갖게 하소서

몸과 마음 아픈 이들
지는 햇볕에도 따스한 온기 느끼는
나음과 쾌활한 새달을 맞게 하소서

살아 보리

찬바람 불면
자존심 내려놓고 머리 숙여
땅에 엎드리자

남녘 봄바람 불어오면
들강아지처럼
해맑은 웃음으로
푸른 하늘 쳐다보자

땅에 붙어 있기만 하면
봄볕에 하얀 눈뜨고
해맑은 미소 지을 그때
살아 볼 꿈 있으리라

희망

희망, 어디에 있나요?

서릿발 이겨 내고
갓 피어난 꽃

단 며칠의 아름다움 위해
인고(忍苦)의 시간

얼마의 열매 위해
조금의 미련 남기지 않은 채
꿈 가슴에 안은 채
아낌없이 땅에 떨군
한 송이 꽃이여!

인생의 그림

네 인생의 가는 길
하나의 멋진 그림 그려라

내 가는 길이 내 작품
남의 정원 화려할지라도
내 꽃 아니리

내 삶의 정원에
새 날아들고
벌 나비 춤출 그날 위해

장차 꿀 한 모금 입에 물고
피어날 작은 씨
꿈의 열정 심어 보리라

3장

나팔꽃: 결속과 허무한 사랑 속에 피는 꽃

(기간: 2020년 12월~2021년 2월)

난, 행복한 사람

난, 어릴 적 밖에서 뛰놀다가
'엄마' 하고 집으로 들어가면
언제나 자애로운 엄마가 계셨다

일제강점기 때, 아버지는 징용으로 끌려가
모진 어려움을 겪고
남태평양 군도, 미군 폭격을 받으며
구사일생으로 살아남아
해방 후에 고향으로 돌아오셨다

아버지는 장사하고 돌아오는 길이면
언제나 술에 취해, 자는 어린 우리를 깨워
늦은 밤까지 같은 이야기를 반복하셨다

그때는 아버지의 잔소리 무척 싫었다
전쟁의 상흔 때문에
술과 담배에 찌들어 살다가
외로이 저 하늘나라로 가셨다

많은 시간이 지난 후에야

아버지의 아픈 상처를 조금이나마
이해하게 되었을 때
아버지는 곁에 계시지 않았다

어릴 적부터 타향살이 고달파
공돌이, 신문팔이 하며
'고향이 그리워도 못 가는 신세',
'타향살이 몇 해던가'
얼마나 애달프게 불러 댔던가?

타향살이 고달프고 외로워도
언제나 강물 같은 평안으로,
익은 곡식 가득 품은 들판 같은 넉넉한 품
언제나 내어 주신 어머니
오랜 기다림과 삶으로
하늘 사랑 보여 주신 어머니

부모님 생각하면 누구나 가슴속에
응어리 하나씩 깊이 새기고 다니겠지만
내겐 멀리서도 보이는 고향
그리우면 달려갈 수 있는 고향
그립고 사랑하는 부모님 얼굴
마음에 새기며 섬길 때 있었으니

아쉬운 마음 가눌 길 없지만
난, 행복하지 아니한가?
얼마나 좋은 시간 보냈던가?
감사하지 아니한가?
그때는 잘 몰랐지만…

부모님 먼저 떠나보낸 사람들
모두가 고아란다
우린 하늘의 하나님 아버지
부르며 끝없는 순례자의 길 간다

오늘 여기

어떤 땐 평탄하게
어떤 땐 이리 부딪히고 저리 부대끼며
하루해 길었는가 돌아봅니다

오늘 하루 수고 많았지
애쓰고 마음 졸이다 하루해 저물고
저무는 해만 보다가 세월 가는 소리 듣지
못했는데 어느새 여백 없는 노을 안고
묵묵히 자신의 길을 갑니다

희미하지만 바라볼 곳
짧은 막대기라도 지친 몸 의지할 수 있다면
한쪽 다리라도 쉴 수 있다면
참 힘이 되겠지요

아직 철없는 아이 하나씩
데리고 가는 나그네
언제 철들어 앞서간 임들의 마음
헤아릴 수 있을까요?

넘어지지 않았으면 몰랐을 그때
자신을 돌아보는 계기가 되었습니다
실패하지 않았으면 몰랐을 그때
연약한 모습, 못난 모습에서
삶이 은혜인 걸 깨달았습니다

아직 왼 가슴에 울리는 고동 소리 들으며
이 자리 오기까지 뒤에서 애정 어린 눈길로
바라보는 그분의 눈길 헤아리며
푸른 초원 펼쳐진 순례의 길 걸어갑니다

어둠에 오신 예수

어둠, 빛으로 가장한 채
방황하는 사람들의 시선 이끈다
길 아닌 길, 걷는 사람에게
다가와 어서 오라 손짓한다

죽음 눈앞에 아른거리나
여기에 생명 있다며
영원하리라 유혹한다

서로 앞서고 뒤서며 영광 취하기 위해
누구라도 경쟁해야 하는 정글
머리 밟고 일어서야
인정받기에 머리 터지도록 싸워야
저들의 거짓된 욕망에 취할 수 있으리니
숨 끊어져 조종(弔鐘) 울릴 때까지

눈 감은 자 서로
길 안내하겠다며
소리쳐 목청 높인다

자신도 절대자의 심판대 앞에
긍휼과 자비 구해야 할 자들
세상에 어리석은 사람들 불러 세워
존경의 눈으로 자신을
바라보라며 고개 쳐든다

어둠 속 작은 빛으로
아기 예수 오셨다
거하는 곳마다 사람 넘쳐
가축의 집, 마구간에 오셨다

아무에게도 환영받지 못하고
인정받지 못하고, 사랑받지 못하고
버림받아, 저주받아 십자가에
내던져질 줄 알면서도 이 땅에 오셨다

어둠 속에 갈 바 알지 못한 사람들 빛으로
저주와 미움 속, 죽음의 수렁에
몸부림치는 인생 구원하기 위해
사람 가운데 사랑으로 오셨다

곧 오소서 임마누엘!
상하고 찢긴 마음에 오소서

애통하며 구원 호소하는 심령에 오소서
거기 참사랑과 평안 꽃피우소서

봄 꿈

그대 어디를 향해
길 가는가?

그대 숨결에 열기 나고
뛰는 발걸음에 들리는 노랫소리
들어 본 적 있는가?

찬란히 빛나는 봄볕
뜨겁게 반응하는 꿈꾸는 자
심장 소리에
마음 내어 준 적 있는가?

저 들에 피어나는 꽃잎처럼
아름답게 수놓은 옷으로
부끄러움 가려 단장해 보았는가?

봄 향연에 벌 나비 날아들어
춤추는 즐거움에
온몸 바쳐 뛰어들 준비가 되었는가?

반길 그대

칠흑같이 어두운 밤보다
갈 길 몰라 방황한 어둠 끝
스멀스멀 기어 나오는 동녘의 아침

오뉴월 햇볕으로도
녹일 수 없던 그 마음
그대 한 번 쳐다보는 눈길로
녹여 버린 내 마음

간다고 하기에
떠나야만 한다기에
차마 보낼 수 없었으나
떠나간 그대

찬란한 옷 입고
미소 머금은 얼굴로
떠나간 그대

다시 돌아올 그 날
낡고 찢어진 옷자락

애통해하는 눈물로
온몸 적시는 그대여!

하루를 천년같이 견뎌 낸 지루함
천년을 하루같이 기다린 설렘
기쁨으로 뛰어가 반길 그대여!

역사의 숨결

역사의 숨결 따라
흐르는 강물
두 발 담가 보았는가?

역사의 무대에
첫발 내디디며 부르는
사랑자 음성에
귀 기울여 보았는가?

한때 역사의 무대에
얼굴 감추고 있는 사랑자 찾아
역사의 문턱
넘어 본 적 있는가?

그 언젠가 역사의 끝자락에
다시 나타날 사랑자 위해
예쁜 단장하는 기쁨을
누려 보았는가?

태평양이라도 건너

산 넘고 들을 지나 깊은 강 건너
대서양 건너고 태평양 달려
아직 조용하고 어둠에 묻힌 땅

빛 어디서 오는지
사랑 무엇인지
소망 어느 곳 향해 나아가야 하는지
알지 못한 고요한 아침의 나라

뜨거운 가슴에 거룩한 마음
사랑의 숨결로 달려온 사람들
우린 그들을 냉대했다. 멸시하고 핍박했다
헌신과 사랑, 땀과 피 흘려
가여운 우리 동포 심장에
삶의 보람, 소망 알려 주었던 그 이름 예수

강아지 눈 뜨듯, 바람 앞의 등불
희망에 등 돌려 버린 절망
한탄만 늘어놓던 민족의 방랑자들
생명의 빛에 눈 뜨고

가슴마다 큰 사랑, 큰 꿈 품었다

로마 식민지에 짓눌려 지내며
흐린 눈동자 겨우 뜬 채
거대한 권력의 단맛에 길들여져 있던
종교 지도자들 폭정에 시달리면서도

실낱같은 희망의 동아줄로 몸뚱이 동여매고
그날이 오기만 기다리던
마음 상한 자, 애통해하는 사람들

절망에 빠진 이에게
세상의 빛으로, 생명의 소망으로
미움과 증오의 늪에 빠진 이에게
평화와 사랑으로 이 땅 오신 나사렛 예수

어둠에 있는 자여!
빛으로 나아와
감사와 기쁨으로 엎드려 절하세

좌절과 절망에 사로잡힌 자여!
가난한 마음으로 주께 나아가
찬양과 영광을 주께 돌리세!

인생 열차

깊은 잠에서 깨어난 강아지처럼
기나긴 겨울날 낯선 입김
눈치 빠른 어느 봄날의 단장

크게 한 번 기적 소리 울린 열차
시커먼 연기 날리며
물설고 낯선 정착지 향해
끝없는 달음질합니다

내리실 분 이번에 정차하는 곳에서 내리세요
안내방송에 설마 내가 내릴 곳은 아닌지
뜬금없이 어머니 홀로 내렸다
못다 한 이야기 쌓여 있는데…

올 장마 기간 갈아치운 기세에 눌려
기 펴지 못하고 서로 곁눈질하며
이리 기웃 저리 기웃거립니다

어느 한여름 밤, 장마
고향 땅에 함께 멱 감고 같이

학교 다니던 깨복쟁이 친구
펜션 손님 미리 퇴실해서 집으로
안전하게 돌아가도록 안내하다
급류에 휩쓸려 저세상으로 떠나갔습니다
내릴 생각도 내릴 준비도 안 했는데
서로 인사도 못 나누고
엷은 웃음만 남긴 채 홀연히 사라졌습니다

뒷산엔 떨어진 낙엽
봄기운 도는 날 기다리는데
무슨 미련인가 아직도 기다란 나무 끝
대롱대롱 매달려 무슨 꿈을 꾸는 걸까?

멈출 줄 모르는 기차, 가끔 머물다가
쉬고 있는 고객들 향해
기적 소리 울어 서둘러 떠나자 합니다

미련 남고 아쉬움도 있지만
가자면 짐을 챙겨야지
지친 마음 다잡고 또다시 길을 나서야지

승객들과 창밖을 보며
이야기꽃을 피우고 싶습니다

지나가는 강물 바라보며 말 건네고 싶습니다
스치는 바람결에 감사한 마음 실어 보내
그 누구의 얼굴에 웃음꽃 되고 싶습니다

다시 돌아갈 수 없는 역
자꾸만 눈앞에 어른거립니다
하얀 연기 내뿜으며 열차 쉼 없이 달립니다
칙칙폭폭, 휘―익!

흐르는 강물 따라

세월의 강물에
발 담그지 않아도
밤에만 흘러갑니다

사랑의 강
한 줄기 별빛 따라 흐릅니다

흐르는 강물에
사랑도 미움도
몰래 흐르는 이유는 뭘까요?

아버지, 미안합니다

아버지! 미안합니다
아버지! 사랑합니다
평생 말한 적 없어서…

일제강점기 때 청년 아버지
강제노역으로 끌려가, 태평양
남양군도에 간악한 전쟁 노역으로
고생하다가 구사일생 살아오셨다지요?

아버지, 그 고통 어찌 견딜 수 있었나요?
아버지, 그 서러움 어찌 참으셨나요?
태어나 병원 혜택 받지 못해
얽은 얼굴로 상처 얼마나 아프셨나요?

일 없이 집에서 쉬실 때 온화한 아버지
장사 나가서 종일 수고하다
늦은 밤 집에 오면
언제나 술에 취해 삶의 방향 잃었지요

무엇이 그렇게 삶을 무겁게 짓눌렀나요?

불안하고 어두운 전쟁의 후유증
기억조차 싫은 전쟁의 상흔
끊임없이 괴롭힐 때
어찌 칠 남매 자식들에게
마음 열어 호소하지 않으셨나요?

민족상잔의 불안과 공포의 시간보다
양어깨 더 짓눌렀을 가난의 멍에
한번 씌워진 멍에 벗어나기 위해
몸부림치며 애쓴 고단한 인생길
어찌 우리는 온화하고 뜨거운 마음으로
다가가지 못했을까요?

불러도 불러도 저 멀리 계시는 아버지!
어찌 좀 더 다정다감하게, 좀 더 살갑게
얘기 나누는 추억을 만들지 못했을까요?

아버지 목에 태워진 삶의 무게
홀로 짊어지고 험한 풍파 헤쳐 나가는 고독
함께 나누고 알아드리지 못한 것
참 죄송합니다

세상에 사람으로, 우주보다 귀한 생명으로

들꽃보다 더 아름다운 삶을 꿈꾸도록
길 열어 주신 아버지
사랑합니다. 그 은혜 잊지 않겠습니다

기적, 일어날 수 있다면

꼭 기적은 일어납니까?
정말 기적 일어날 수 있습니까?
기적 일어난다고 믿어도 됩니까?

기적 일어난다면
어느 곳에 일어나야 합니까?
딱 한 곳에 기적 일어날 수 있다면
부잣집의 안락한 거실이어야 합니까?

다람쥐 쳇바퀴 돌 듯 쉼 없이 일해도
벗을 수 없는 가난의 멍에 진
작은 집이어야 합니까?

평생 단 한 번 일어나는 기적 있다면
그때가 지금이라고 말해도 될까요?
기적이 단 한 사람에게 일어난다면
그 기적 타인이 아닌
꼭 당신에게 이루어져야 할 이유
단 한 가지만 대라고 한다면
뭐라고 대답할 수 있겠습니까?

당신에게 쓸 유일한 기적!
당신은 십자가에 매달려, 우리, 아니
날 살리는 데 기꺼이 쓰고 말았습니다

나, 죽는 두려운 공포에
떨지 않아도 되는 인생 되었습니다
난, 절망이 부술 수 없는
영원한 소망의 사람 되었습니다

난, 하늘과 땅의 권세로도
끊을 수 없는 사랑의 사람 되었습니다

이제는 내 세상입니다
세상은 기쁨 천지인데
사람들 눈에는 자꾸 눈물 말라 갑니다
무엇 때문입니까?
단 한 번의 기적!
사용할 수 있는 권한 내게 있다면
지금, 이 순간 아니라면 언제 써야 합니까?

외로이 숨겨 간 전우의 슬픔
뺏을 수 없는 내 기쁨 내어 놓아
인생의 눈물 거둘 수 있다면

그 기적 일어나도록 동의할 용기
과연 내 마음자리에 찾아낼 수 있을까요?

기적, 과거 한 번 일어난 역사에 불과합니까?
기적, 현재 일어나고 있는 사건입니까?
아니 죽음 저편 피어나는 향기로운 꽃입니까?

기적, 꼭 일어납니다
기적, 여기, 이 시대에 일어납니다
그 기적 내게 일어난다면
그 기적 무엇이어야 합니까?

지구촌 파수꾼

다사다난(多事多難)했던 한 해
서산 너머로 사라지며 아름다움으로 물들인다
붙잡아도 잡을 수 없고, 그 속도 잴 수 없어
세월의 커다란 무게 안개처럼 사라진다

찬란히 빛나는 태양의 조명 받으며
역사의 무대에 들여보내 주신 분
선하고 아름다운 뜻 잘 준행했는지
뒤돌아보면 항상 부끄럽지만
감사한 마음 앞을 가로막는다

서둘러 성(城) 높이 세우는 데 바쁜 나날
더러운 욕심으로 더 무거워진 땅덩어리
더 많은 걸 가져야 잘산다고
불철주야 뛰고 달리는 몸
이리저리 휘청거리는 지구촌

밤새 커다란 땅덩어리 돌리느라
쉼 없이 애쓰는 성실한 그분
어찌 경의를 표해 찬양하지 않으랴!

아침마다 찬 바닷물 데워
밤새워 군불 지펴
태양 불꽃 꺼지지 않도록 애쓰는 그분
노고에 어찌 감사하지 않으랴!

온갖 쓰레기 채우고 쏟아부어도
토할 듯 삼키며 끙끙 앓아 지켜 낸 바다
상어 떼, 멸치 주린 배 채우고도 남아
밤마다 한가로이 부르는 물고기 노래에
어찌 장단 맞춰 춤추지 않으랴!

선물

당신은 할 수 있습니다
누구에게나 주어진 시간
숲과 하늘, 들풀 꽃향기에
어찌 기뻐 노래하지 않을까요?

아무 근심, 걱정 없는 사람처럼
어찌 행복한 웃음
웃지 않을 수 있을까요?

아무 개념이나 선입견(先入見) 없이
어찌 푸른 하늘 쳐다보며
행복한 마음 품지 않을까요?

이건 당신 누릴 축복입니다
이건 당신 홀로 있어도
춤추며 부를 노래입니다

고독(孤獨)
- 고독 조금이라도 맛보지 않은 인생?

인생아!
고독(孤獨)을 즐겨라

폭풍 몰아치고 비바람 귀때기 때린 후
아무 일도 없다는 듯
하늘 끝에라도 오를 듯 날개 활짝 펴고
가지마다 눈부시도록 빛나는 잎사귀
온 천지 뒤덮을 때

앙상한 가지만 침묵 지킨
침묵 강요하는 겨울 초대하는
생의 모든 낙 잃고 초점 잃은
늦가을 마른 나무를 보아라!

그대 부르고 환호할 때
외로이 고독 씹을
한적한 장소를 찾아라

물질의 풍요, 쾌락
그대의 눈과 귀 사로잡을 때

혀끝을 자극하는 심장 소리 들릴 때
도망치듯 황량한 광야로 달려가라

불러도 대답 없어 들짐승 울음소리만
메아리치는 광야에 서라
원초적 본능 속에 감춰진 그대 신(神) 불러
혓바닥 입천장에 달라붙기까지
하늘을 향해 부르짖어라

찾아와 존경할 사람도 없고
그리워하거나 아쉬워할 사람도 없는
주인 잃은 무덤처럼
함박눈 내릴 때 불쑥 내밀어
엷은 미소로 이름만 남은 봉분(封墳)처럼

그대 고독(孤獨)을 즐겨라
한곳에 정착하기를 끝내 거부하다가
회오리바람 불 때만 자신의 정체
조금 보여 주는 바람처럼

이글거리는 태양의 눈 속이고 내린
밤이슬처럼 외로움으로 옷 입고
태초에 부르던 사랑 노래로

그대 유혹할 때

아무런 미련도 아쉬움도 없다는 듯
힘차게 달려가
공중에 달랑 매달린 연줄 끊어내듯
외로움에 매인 줄
과감하게 끊어라

자랑

누구는 약함을 자랑하라 했는데
남의 말 하듯 할 때는 쉽지만
막상 그 약함 온몸에 짊어졌을 때
넌, 그렇게 말할 수 있겠니?

그대의 목에 걸린 굵은 멍에
어디서 왔는가?
내 몸에 붙어 떨어지기 거부하는
가리고 싶은 흔적
그 누구 모략 때문인가?

어머니의 정성 어린 기도 후
그 마음 이어받아 수년 인내하며
간구한 후에도 비뚤어진 몸뚱이
스스로 파낸 웅덩이인가?
저 하늘에서 내린 천형(天刑)인가?

세월의 강물 흐른 먼 훗날
여전히 멍에 온 몸뚱이에 지고 있다면
그때도 약함을 자랑하며

살라 할 수 있나?

당신의 눈동자에 빛나는 이슬방울
당신의 심장에 우러나오는 보물
발견한 감격 누릴 수 있나?

난, 내 몸에 태인 약함 부끄러워 않고
순례의 길 가는 내내 약함을 악기 삼아
그대 노래할 수 있나?

아침 여는 마음

동녘 바다 붉은 물 들인 저 태양
한입에 꿀꺽 삼킬 것 같은 신생아의 울음소리
눈물 아니라 세상의 아름다움 보는
경탄(敬歎)의 외침이게 하소서

오늘 대문을 나설 때 다녀오겠다고
인사한 것이 마지막 아닌
다시 그리운 얼굴로 반기는 행복한
언약(言約) 되게 하소서

어두운 밤 깨우며 눈동자 굴러가는
소리에도 긴장의 끈 놓지 않은
이 강토(疆土), 이 산야(山野) 지키는 초병들
그 숨소리 온 국민의 단잠 되게 하소서

새해 맞는 젊은이들 품은 꿈
세상의 어떤 풍파도 뚫고 나가는
지워도 지워도 지워지지 않는 바위처럼
힘찬 삶의 동력인 파도 소리 되게 하소서

12월 마지막 달력 떼는 떨리는 손
이 시대 부모님의 얼굴에 깊이 팬 주름살
미성숙한 나 향한
거룩한 희생 흔적인 줄 알고
그 은혜에 보답하는 마음
꿈결에라도 잊지 않게 하소서

누구에게나 주어진 똑같은 시간
같은 삶의 무대, 그 삶의 무게
코흘리개 아이 처음 초등학교 교정(校庭)
두려움과 설레는 마음으로 들어서는
첫걸음처럼 되게 하소서

선한 싸움 다 싸우고 달려갈 길 다 간
믿음의 선배, 다시 그리워할 사람 없는
영원한 곳에서 만나자며
웃으면서 마지막 나누는 인사처럼
되게 하소서

새벽을 여는 하루
매일 새해 되게 하시고
하루 수고 마치고 그리운 가족들
품을 찾아가는 발걸음
영원을 여는 복된 약속 되게 하소서

우리의 영웅

맹아학교 기숙사에 어린 아들을 떼어 놓고
눈물 흘리며 떠나는 어머니
떠나가는 어머니의 뒷모습을 보고
흐르는 눈물 두 주먹으로
훔치고 또 훔치던 이용복

가슴 아픈 추억 넉넉한 웃음으로 받아넘기며
'비 내리는 고모령'을 부르는 당신의 얼굴에
저 하늘의 햇살이 가득합니다

당신이 흘리는 눈물
우리의 메마른 가슴에 기쁨 되어
작은 시내를 이룹니다

보고파 더듬거렸던 당신의 그 나날
더듬거리다 넘어지고 자빠져
두 무릎 깨지고, 양손에 가시 박힌 그 세월
이제는 조금 지워졌나요?

기우뚱기우뚱 밤거리 걸어가는

당신의 걸음 때문에 우리는 멀쩡한 두 다리로
밝고 드넓은 인생길 걸어갑니다

당신 덕분에 이만치 밝아진 세상
봄볕에 아직 녹지 않은 잔설(殘雪) 같은
작은 그늘 찾아가는 발걸음 늘어 갑니다

당신의 걸음 멈추지 않는 한
당신은 희미하게 저무는
서녘 노을에도 빛나는 우리의 영웅입니다

* 이용복: 가수, 시각장애인, 1952년생

당신은 왜?

누구는 다리몽둥이 부러뜨리고
넘어지고 자빠뜨려 쓰고
누구는 단 한 번의 실패도 모른 채
완벽한 그 자체로 쓰고…

그 연약함의 신음 들어 보셨나요?
그 아픔 때문에 소리치는 모습에
눈길 둔 적이 있나요?
형평성에 맞는 일입니까?
그 누구도 억울하다 가슴 치지 않을…

그 힘 다하는 날까지
아픔 속에 묻혀 있는 보석 놓치지 마라
그 영광의 달콤한 유혹에 취하는 순간
영원히 지고 마는 후회의 쓴잔을 마시리니

어두운 구석마다 찾아내고
잠자는 씨앗에 생명 불어넣는
태양처럼 일어나고
찬란한 영광을 한순간에

덮어 버리는 밤처럼 사라지자

당신이 내린 처사는 공평한가?
모든 역사의 무대에 춤추는
배우들에 대해 흔들림 없는 건가요?

깊은 심연에서 울려오는
양심의 소리에 귀 내어 주라
그 숨결에 박자를 맞춰라

태초의 열정으로 이루어 놓은 사랑에
아스라이 밝아 오는
여명의 발자국 내주어라

언 땅에서

정신 바짝 들게 하는 강추위
강도 얼고 산과 나무도 온몸으로 떤다

얼음 밑으로 흐르는 봄의 나래
뭐라고 속삭이며 뛰놀까

저 너머 미리 와 기다리는
봄기운에 덩달아 힘 얻는다

임의 시간은 그 봄날을 향해
꿈길 걷듯 도도히 오도다

한 줄기 빛

동녘 떠오르는
태양 끌어안고
하루 시작하는
심장의 고동 소리

산 끝 덮은 하얀 입김
얼음 골짜기에서
꿈틀거리는 땅 벌레
북풍한설 막아 낸 겨울 바위

차가운 거리거리
타오르는 꿈의 기운
굳은 땅 쿵쾅쿵쾅 두드리며
나그넷길을 간다

언 발에 오줌 싸듯
언 손에 따스한 빛을 비추소서
목마른 입술에
한 방울의 생수라도 내리소서

지치고 고단한 육체에
한 평의 누울 자리 허락하소서
함께 부둥켜안아
더운 기운 더하게 하소서

♤ 내 사랑하는 아들, 결혼하는구나!

내 사랑하는 아들,
'밝고도 참되게(명진)'가
드디어 결혼하는구나!

내 사랑하는 아들,
'밝고도 사랑스럽게(명인)'가
드디어 결혼하는구나

하늘의 감동이 아니라면
어찌 이날이 있으랴!
처음 사랑을 내신 이가 아니라면
어찌 두 사람을 사랑스럽다 하겠느냐?

고운 손 맑고 밝은 눈동자
아장아장 걸어 꿈의 무대에 섰구나
이제 홀로 아니라 둘이 하나 되는구나

둘이 하나 되어 처음 가는 길
사랑의 무대, 생명의 무대
찬양의 무대, 영광의 무대

그 누구의 희생과 마음 고이 접어
한 올, 한 올 엮어 낸 새 신발

힘들 때 손잡아 주고
떨어져 있을 때 마음의 끈 굳게 하고
길을 가라. 태고부터 아끼고 아껴 둔
저 태양, 너를 위해
동녘에 일렁이는 푸른 바다 뚫고 솟았나니
밤하늘 별처럼 어두울 때 더욱
빛나는 꿈 꾸며 길을 가라

새 생명 탄생 신비를 알려 준 너
평생 마음에 품어 향기처럼 쏟아 낸
그분의 사랑 생각하고
어여삐 여긴 놀라운 손길 간직해라

사랑하는 내 아들이 장가가는구나!
'밝고도 참되게'가 결혼하는구나!
'밝고도 사랑스럽게'가 장가가는구나!

너의 결혼을 참으로 축하한다
잘 살아라
함께 걸어가는 것만으로도 힘이 되고

목마를 때 생기를 더하는 시원한 생수처럼
서로 힘이 되고 작은 기쁨 되어라

너희들의 수고와 땀으로 맺은 열매
너희 기쁨만이 아니라 열매 담 너머
길 가는 나그네에게도 기쁨이 되게 하여라

길 가다 보면 넘기 힘든 고개도
거칠고 딱딱한 길도 있으리라
가시나무, 모난 돌, 차가운 바람…
가끔은 자신이 돌이 되고 가시가 되기도 해
모두는 하늘이 내려 준 성숙하고
참인간 냄새 나도록 한 엑스트라

희고도 붉디붉은 서녘 하늘에
앞서 걸어간 휜 다리와 흰머리
뒤통수에 장식같이 묻어 있는
고단하지만 여유로운 지혜를
지친 듯하나 저 멀리 은하계 너머
찬란히 빛나는 시온성 향한 눈빛 잃지 마라

그 언젠가 말없이 걸어온 길
뒤돌아보는 날 올 때

잔잔한 감동과 숨은 기쁨 있는
수많은 이야기꽃을 피우는
너만의 아름다운 이야기가 있는
인생길이길 소망한다

처음 널 이 땅에 내신
하늘에 계신 이가 너희를 축복한다
처음 너를 보고 유일무이한
생명의 위대한 신비에 탄복한 이가
너희를 축복한다

잘 살아라. 행복해라. 사랑한다
나의 '밝고도 참되게'야!
나의 '밝고도 사랑스럽게'야!

마음길

건강한 발걸음
뽀드득, 뽀드득

칼바람 세차도
행복한 발걸음

햇살에 빛나는
따스한 마음길

인생, 홀로 가는 길

인생은 홀로 가는 길
끊임없이 자신에게 말을 걸며
대답에 반박하고 긍정하며 가는 길

인생은 커다란 무대
수많은 별이 반짝이는 우주에
홀로 내던져져 두리번거리며 가는 길

멀리서 보면 하나의 작은 별
가까이 다가가면 홀로 몸부림치며
연기하는 인생

인생은 오던 길 되돌아볼 수 있어도
되돌아갈 수 없어서
탄식하며 그리워하는 길

인생은 일장춘몽, 자다가 깨어 보니
일생은 지나간 어제
지난밤 잠깐 빛나다 사라지는 별

인생은 영원에 잇대어 살아가는 길에 서서
이 길이 그 길인지
타는 목마름으로 부르짖는 길

봄볕 드는 날

칼바람 불어
허리 펼 수 없게 하는 겨울 오후
산허리 한 자락만 돌아서도
따스한 햇볕 반깁니다

조금만 더 가면 산허리 돌아서는 날
한 걸음 더 가면 햇살 반기는
땅에 다다르길 소망합니다

칼바람 맞으며 점심 한 끼 위해
줄 선 노숙자의 국, 식지 않게 하소서

코로나19로 신음하는 병자들
돌보기 위해 달려가는 간호사 입에 있는
마스크 마를 날 있게 하소서

추운 겨울 비좁은 방에 누워
차디찬 방, 온몸으로 데우는 독거노인의 꿈
소년, 소녀 가장 한 걸음 열어 가는 길 앞에
봄볕 드는 그날 꼭 오게 하소서

버들강아지 개울물에 고개 내밀고
아지랑이 봄 언덕 너머로 달려올 때
얼굴에 아무런 가리개 없이
맑은 하늘 들이마시고
처음 세상에 나와 놀란 얼굴 한 작은 들꽃
꾸밈없는 미소로 정다이 반기게 하소서

겨울비

웬 겨울비인가 했더니
따스한 봄볕 몰고 왔네요

어느새 봄기운 마음에
날개 달아 멀리 산 너머로
날아가게 합니다

때 이른 가지엔 푸른 꿈 머금은
아이 빛나는 눈동자 같은
작은 눈이 꿈틀댑니다

올해는 수십 년 잠든 꿈도
깨워 낼 수 있을까요?

긴긴밤 지새우며 빌고 또 빌어
엮어 낸 어머니의 시린 꿈
진달래 꽃길 따라 피어날 수 있을까요?

아직 봄은 먼발치에 있으나
언덕 위에 내려온 따스한 햇볕
설레는 마음 감추고 싶지 않습니다

나도 울고 싶다

울고 싶냐?
나도 울고 싶다

그대 삶 살아 내는 몸짓
내 목젖 떨리게 한다

홀로 가도 외롭지 않은 길
삶의 흔적 사랑 놓치지 않은 자국 있기에
그 몸부림에 진심 깃들어 있기에

목울대 울린다
꾹꾹 눌러 삼키도록

그대의 몸짓에
홀로 가도 외롭지 않은
좁은 사랑의 길

묵묵히 가는 그대의 뒷모습
소리 죽여 눈물을 삼킨다

깜냥

칭찬받기에
익숙하지 않은 사람이다

그대는 그대만의 춤을
그대만의 몸짓으로 추누나

성실하게 한 길을
걸어왔기에, 서툴다

모른 척 받아들이기에 아직
칭찬은 몸에 두드러기 난다

거칠고 황량한 광야를 걸어가는
태양 빛만 벗으로 삼고
견뎌내 왔기에

칭찬에 목마르지 않다
내 깜냥을 알기에
그날에 당신의 칭찬
한마디 기대하기에

들꽃 향기

외롭구나!
수많은 사람 중 혼자 있어 외롭구나
하하! 호호! 웃음소리에
함께 웃을 수 없어 외롭구나

밤하늘 서성이는 불빛 사이로
걸어가는 길 외롭구나
찬란한 아침 선사하는 저 태양
부끄러워 고개 숙이나

길 가는 내내 하늘 쳐다보며
그리운 고향 바라보니
그리운 얼굴 저 멀리 손짓하누나

고향이 그리워도, 그리워도
그리움으로 그리움을 가려야 하니
외로워라

가슴속에 묻어 둔 그리운 사람
사랑하는 사람, 저 하늘

저 구름 가려 그리워라
갈 수 있었더라면, 만날 수 있었더라면
그리움은 외롭지 않았으리

외로운 가슴 안고 나그넷길 간다
상처 난 마음에 담긴 정서 안고
이슬 젖은 눈동자로 그리운 노래 부르리

저 하늘, 저 멀리
구름 흘러가다 쉬는 그 자리까지
봄바람 불고 불어
들꽃송이 꽃향기 머무는 곳까지

무대

동해 저 찬란한 태양
푸른 물결 위에 솟아오를 때
난 내 길을 간다

봄볕 내리쬐는 벌 나비 날아드는
꽃동산에 함께 춤을 추든
까마귀 우는 골짜기에 초점 잃은 눈동자
공허한 하늘에 날리며
난 내 길을 간다

단 한 번의 무대이기에 연습은 없다
넘어지고 쓰러져도 그건 내 길
휘황찬란한 조명 세례 받아도
그건 나의 무대

저 너른 벌판 가르며 하늘 나는 기러기 떼
펄럭거리는 날갯짓 따라
강물 위에 들꽃 노래 들려줄 때까지

저 지평선 너머 하늘과 땅

서로 만나 지친 어깨
마주 대하며 쉬는 곳까지

나는 한 발짝, 한 발짝 검은 땅 내디디며
나만의 무대에 선다
목청 높여 노래하고 춤추며
내 길을 간다

저 서녘 하늘, 두 팔 들어 반겨 줄 때까지
가다 뒤돌아볼 때 꽃, 나비
함께 따라와 준다면 더 좋을 게 없겠지

그리운 마음

누가 가르쳐 주지 않아도
명절 오기 한 달 전부터
그리움에 설레는 마음으로 꿈을 꿉니다

사랑하는 어머니, 아버지
어서 오너라 반겨 줄 그 정겨운 모습
낯설고 물선 천 리 타향에
서로 얼굴 맞대고 아무런
근심, 걱정 없는 사람처럼
마냥 웃고 즐기는 그런 날 소망합니다

고향 그리워도 가지 못해 애타는 마음
산과 들, 푸르른 강
동네 골목 서성입니다

이제는 보고픈 얼굴, 이제는 그리운 사람
이제는 그리워하는 마음만으로
위안 삼아야 하는 길에 들어섭니다

찾아가도 반겨 줄 사람 없는 쓸쓸한 땅

그 옛날 꿈결 같은 부모, 형제
그 어디 모습을 감추었나
말없는 빈집, 적막한 뒷동산
낯선 얼굴만 그 자리 차지하고 있구나

돌아갈 곳 없어라
그리워할 사람 없어라
저항할 수 없는 세월의 거대한 강물
그 앞에 마주 서 있는 나
흰 구름 너머 더 나은 본향만 바라보고
달려온 곤한 맘 달래 주려나

청풍(淸風)

삭풍(朔風) 세차게 몰아쳐도
한가한 춘풍(春風) 막을 길 없어라

이름난 생선이라도 썩으면
견딜 수 없는 냄새 진동하듯
神의 이름을 팔아 만들어 낸 터

처음 사랑자 음성 듣고 즐기던 가슴
싸구려 값에 팔아넘긴 팔랑 귀 씻어 낸 물
청풍명월(淸風明月) 아래 흐르는 강물이라도
더러운 냄새 견딜 수 없으리라

밤하늘 떠돌던 별빛 하나
가만히 내려와 땅바닥 적시면
고요한 강가 봄 향기 불러 놓고
임 그리는 노래 부르리라

봄볕 드는 언덕

아직 찬바람
오던 봄 걸음 더디게 합니다
오뉴월 햇볕이라도 지금
저 먼 산 얘기입니다

오리라 약속한 그 약속 분명하다 믿지만
봄볕 드는 언덕에 해함도 상함도 없이
다시 사라져 갈 꿈일지라도
태연히 꽃 필 때 언제일까요?

깊은 골짝 언 땅 밑으로
흐르는 물길 따라
살금살금 기어 오는 봄소식
언덕 너머 봄 기다리는 처녀 가슴처럼
설레는 마음으로 기다립니다

그 누구의 방해도 없이
다시는 멍든 마음에 애타지 않고
콧노래 부르며 봄바람 따라
들길 가는 꿈을 꿉니다

더딜지라도

봄 언덕인 줄 알고
가벼운 맘으로 길 나서니
치대는 사나운 겨울바람
다시 옷깃을 여밉니다

가난하고 배고픈 사람에게
왜 겨울은 늘어지고
바람결은 더욱 차가울까요?

저 산 너머 남녘 따스한 바람 몰고 올
오랜 친구 같은 봄 길 오는 발걸음
귀 기울여 봅니다

겨울바람 아무리 사나운들
오는 봄바람 물려 낼 재간 있겠어요?
두껍게 얼어 버린 강물도
따스한 마음에 이는 훈훈한 마음마저
얼릴 수 있겠어요?

해님의 밝은 얼굴 가진 그 임

조금 더딜지라도
동녘의 붉은 물길에 희망 싣고 오듯
변함없이 그 임의 약속
벌써 봄 언덕 뛰어넘게 합니다

낯선 땅

깊은 밤 건너온 새벽
낯선 길에 따스한 눈길
메마른 땅에 생수

어두운 그늘에 사랑의 빛
거친 땅에 너그러운 길
깊이 잠든 가슴엔 신세계 아침을

고난을 영광으로
인내를 새벽 전(前) 어둠으로
동녘의 새벽이슬 친구 삼아

한 걸음, 한 걸음
걸어가신 임이여!

땅 두드려

어둠의 땅
거칠고 낯선 땅

메마른 땅
희망 찾아 헤매는 땅

생명의 씨앗 심어 놓고
혹 나지 않을까?
서성이던 발걸음

힘, 들어야!
땀, 흘려야!
피, 뿌려야!

푸른 싹, 희망의 싹
생명의 싹 나는 줄 알기에

어둠의 땅, 늦은 밤일지라도
무지(無知)의 땅 두드려
생명을 깨운다

4장

접시꽃:
풍요, 야망, 그리고
열렬한 연애 꿈꾸다
(기간: 2021년 3월~2021년 5월)

올봄에는

설악산에 절경 이루는 봄눈
태백산맥 서쪽으로 남한 땅 전역
산란한 봄날 꿈꾸는 촉촉한 단비

오긴 오나 봅니다. 기다리던 봄날
꽃이 피기는 피려나 봅니다
성급한 진달래꽃 봉오리
살짝 고개 내밀어 하늘 쳐다봅니다

항상 봄날일 수 없겠지만
항상 겨울이어서도 안 되겠지요
북풍한설, 때아닌 비바람
봄 향기 돋우는 마중물 아닐까 합니다

푸른 꿈 꾸는 어린 새싹들
배움의 터에 첫발 내디딜 때
새싹들 꿈도 한 걸음 나아가게 하소서

장애 벗고 푸른 하늘 날 수는 없을지라도
가난한 삶 죄의 멍에 같을지라도

쉼 없는 고단한 삶일지라도
마음에 시원한 강물 흐르고
삶에 기쁨과 사랑의 열매로 가득하게 하소서

봄볕에 대동강물 녹아내리듯
고향 잃은 실향민들에 봄바람 불어
70년 돌아갈 곳 없어
얼어붙은 고향길 환히 열리게 하소서

차갑고 무례한 돌풍 때문에
마음에 상처 하나둘 품고
살지 않은 사람 어디 있겠어요?
그 상처, 굵은 매듭 이루어
바라보는 이의 작은 받침대 되게 하소서

함께 봄 꿈꾸는 마음
낯선 눈발에 포기하지 않게 하시고
희망과 평안
굵은 삶의 동아줄 되게 하소서

화가 난다

머리 감고 머리를 털 때, 힘이 든다
목욕할 때 손이 닿지 않은 등
닦으려 애쓸 때, 힘에 부친다

깔딱고개 다 오르기도 전에
금방 호흡은 가빠지고
내려가는 길에 무릎이 떨릴 때가 있다

뒷동산 올라, 한 시간가량
산책하는 데도 힘이 든다
그늘지고 솔바람 불어오는 곳에
몇 시간 동안 자고 가고 싶다

세월은 무심코 흘러 지천명(知天命)을 넘었다
하늘의 뜻을 알고 행하며 살아왔는지
그립고 사모하는 사람은 누구인가
그립고 사모하는 사람으로
나를 기억하는 사람이 있을지

세상은 여전히 시끄럽다

신(神)의 종이라고 자처하는 사람들
자기가 신의 이름을 전세 낸 것처럼
함부로 말하고도 책임지는 것은 고사하고
양심의 가책이나 느끼는지
스스로 두려운 마음이 앞선다

공평과 정의가 강물처럼 흐르기를 고대하고
살아왔던 믿음의 선진(先進)들의
발자취 따르고 싶다

아직도 구정물 냄새 자욱하나
봄이면 얼었던 강물 녹고
계곡에 상쾌하고 시원한 물 흘려내려 보내리니
다시 사랑과 평화 구름처럼 흐르는
강가에서 뱃노래 불러 볼 날 꿈꾼다

봄 오는 소리

봄이 왔지만 아직도
겨울 강가에서 탄식 토해 내는
사람들의 마음 감싸 주소서

꽃봉오리 곱게 단장하고
살며시 길가에 나아와 반기는
봄 자취 따라 걷는 기쁨
그 누구나 누리게 하소서

한 송이 이름 없는 봄꽃에도 설레
마음 떨리던 어릴 때 그 마음
여전하게 하소서

함께 봄 마중하던
사랑하는 임 잃은 외기러기
봄 언덕 푸르면
다시 온다던 강남 갔던 제비처럼
세월 갈 때 함께 품었던
소중한 약속 이루어지게 하소서

함께 나누는 행복의 보따리 터져
너와 나의 담 넘어
우리의 소중한 이야기꽃 되게 하소서

봄바람 불어

봄바람 불어 잠든 들판 깨운다
봄 언덕에 아지랑이 오르고
단꿈 꾸는 진달래꽃 깨우니
참 좋다

봄 넘어오는 길목에
파란 얼굴 내민 들풀
푸르른 용기 참 좋다

반기는 이 없어도 하늘 높이 날며
지지배배 지저귀는
산새들의 떠드는 소리가
내 마음도 깨운다

그 임의 약속대로 변함없이 봄날
푸른 언덕에 꿈틀거리는 들꽃
기지개 켜는 소망 보게 하니
참 즐겁다

빼앗긴 들에 봄 오지 않아

시린 마음으로 찬바람 앞에
외로이 섰던 날
이제는 마음껏 봄볕 맞으며
너와 마음껏 즐거워할 수 있으면
참 좋으리라

낯선 길에

기나긴 겨울 계속해 봄날은 저 멀리
오리란 약속 더디기만 했는데
기적 같은 봄날, 꿈결 같은 새벽
잠든 영혼을 깨웁니다

멍든 가슴 안고 어두운 밤 이리저리 뭉개며
꿈꾸던 그날 찾아가는 발걸음
저 황량한 광야의 천리만리길
외로이 홀로 내몰린 낯선 땅

늦은 밤 무작정 서울행 완행열차에
풋풋한 청춘 실었다
쌀쌀한 바람 나부끼는 영등포역 광장
흐릿한 별빛만 반겨 주던 그날
어두운 밤길 가듯 미지의 세계
나는 어디로 가야 하나?

내 인생은 무엇인가?
커다란 물음표 가슴에 묻어 두고
뿌연 안개 속 희로애락에

버무려진 하늘 아래
희미한 새벽 열어 갔다

스치고 지나온 길, 쓰린 상처
메마른 입술, 그치지 않는 탄식
멈추지 않는 한숨!
이제 싸매어 주소서

이제 멈추게 하소서
아직 마르지 않은 눈물
함박웃음 아니어도 좋으니
눈물 그치고 아기처럼 피어난 봄꽃
바라보며 웃음 짓게 하소서

작은 외침

들리는가?
저 어둠 속에서 외치는 소리

들리지 않는가?
저 절망의 늪 속에서
부르짖는 절규

보이지 않는가?
밝은 대낮에 검은 괴물
의로운 태양처럼
거리를 활보할 때
목 놓아 부르짖는 모습

손에 닿지 않는가?
떨리는 손 내밀며
동정의 마음 두드리는
이슬 젖은 눈동자

그날이 더딜지라도

온 천지 무자비하게 덮어 버려
온 세상에 침묵 강요하는
밤의 세계

얼어붙어 버린 산천
꽃 피는 봄 언덕
노래하는 두 얼굴의 사람들

오리라 약속한 때
일천 년 지나고
새로운 천 년 향해 달려가는데

어둠을, 어둠이라
빛을 빛이라 말하는
용기를 갖게 하소서

북풍한설(北風寒雪) 몰아치는
광야에 홀로 서서
봄 오는 길목, 이글거리는 태양
한 줌의 재로 변할 때까지 지키게 하소서

푸른 언덕 넘어오는 아지랑이 바라보며
찬란한 봄이라 외치게 하소서
꿈꾸는 그날이 더딜지라도

봄 가는 소리

꽃 피는 봄 언덕 두 손 들어
함께 따스한 봄 길 가자며 눈길을 보냅니다
둘은 눈이 마주치기만 해도
깔깔깔 웃음소리 하늘에 메아리칩니다

꽃 피는 봄, 푸르른 언덕 짙어 오지만
아직 마음껏 웃지 못하는 사람들
흐드러진 봄꽃 마주치며 웃는 것도
미안한 마음, 죄스러운 마음
감출 수 없는 사람들이 있습니다

달려가 꽃길 함께 가자며 손을 붙잡아도
뿌리치는 사람들이 있습니다
저들의 얼어붙은 가슴에도
꽃 피는 봄볕 한 가닥 내려 주소서

들길 가는 즐거움을 누구나 누리게 하소서
얼어붙은 계곡에 졸졸 흐르는 물소리
누구나 귀 간지럽게 하소서

하늘 높이 치솟아 오르며
노래하는 산새 소리에
보드라운 땅 밟는 평안 누리게 하소서

낯선 새벽

죽이라 소리치는 군중
십자가에 매달라고 고함칠 때
숨죽여 바라만 보아야 했다

정치와 종교 지도자들 손잡으면
그렇게 무서운 줄 몰랐다
그렇게 역사의 물줄기 감출 줄
그때는 몰랐다

여론 조작도 가능하고
자신들의 결정이 정의롭다고 선언해도
아무도 저항하거나 항의할 수도 없구나

조롱하는 군중 속
땅에서 들린 자
나무에 못 박힌 자
하늘과 땅 사이에 홀로
대롱 매달린 나사렛 청년

수많은 사람에게 값없이 나눠 준 떡과 물고기

병든 자 고쳐 주고
약하고 소외된 사람들의 친구였던 그
이제 축 처진 시신 되었다

한번 뚜껑이 닫히면
그대로 끝인 줄 알았다
침묵이 금인 줄 알았다
입이 있어도 말할 수 없었다
정말 무서웠다

우리의 수치 감추기 위해
시신에 향유라도 부어야지
빈 무덤이라 하기에 설마 하며
우리의, 아니 나의 불신앙 감추기 위해
굼뜬 새벽 무덤을 찾았다

다시 살았다는 소식에 떨리는 가슴 안고
숨죽인 골방, 한 번 더 찾아와
상처 난 손 내밀던 그 청년
구멍 난 가슴 내밀어
이래도 믿을 수 없나
타는 마음을 보여 주었지

아직도 두려워 떨며
어두운 양심의 골방에 갇혀 지내는가?
찬란한 부활의 새벽을 뒤로하고
아직도 정치와 종교의 검은 커튼에
숨어 지내며 한 번씩
군중의 동정을 살필 것인가?

난, 어디로 갈까?
넌, 어느 길로 갈 건가?
무덤의 뚜껑 열리는 날 성큼 다가오는데…

엠마오로 가는 사람들

누구나 그 광경 목격했다면
두려워 떨었을 것이다
처절하게 울부짖으며 십자가에 처형된
나사렛 예수 목격한 사람들

두근거리는 가슴 쓸어안고
자신들의 익숙한 길을 갔다
세월 앞에 장사 없다
죽음 앞에 감히 그 누가 맞설 수 있으랴!

낯선 청년이 길 가는 사람에게 묻는다
무슨 얘기를 나누느냐?
어디를 향해 가느냐?

시대에 뒤떨어진 사람아!
보지 못했는가?
듣지도 못했는가?

나사렛 청년, 목수의 아들 예수란 사람
천국 전파하며 세상 죄 짊어지고

죽은 후 사흘 만에 살아난다고 했는데…
그렇게 처절하게 죽을 줄이야!
참 끔찍하고 두려운 일이었네

엠마오로 가는 나그네
죽음에 대한 확신 때문에 여전히
죽음 기다리는 어둠의 세계를 걷는다

나사렛 청년이여!!
저들에게 말 좀 걸어 주세요
부활의 사람을 곁에 두고도 보지도,
듣지도 못하는 그 마음의 문
두드려 주실 수 없나요?

봄날은 꿈같아

봄 길 걸으면
꽃잎 스치고 나온 이슬방울

내 볼때기 닿는 순간
불그스레

찬란한 봄 길 말없이 걸어도
여기저기 들려오는
싱그러운 풀빛, 꽃비
꿈같은 시간

어릴 적엔 그리 좋은
봄날도 꿈같이 지나
지금, 가슴 시리며
봄날은 간다

광야에서 외치는 자의 소리

넌, 혼자이고 싶을 때 없었어?
아무도 모르게 떠나 주는 게
도와주는 것이리라

밤하늘 수많은 별 가운데
아주 작은 별
별 헤아리다 그냥 스쳐 지나가도
아쉽지 않은 별!
하지만 지지 않는 별
비록 작은 숨구멍으로 숨 쉴지라도

나는 작은 별, 혼자 있고 싶다
비바람 벼랑 때릴 때도
따개비처럼 찰싹 들러붙어
후에 오는 살랑이는 바람
혼자라도 반기고 싶다

넌, 너른 벌판에 서서
수도 없이 스쳐 지나가는 바람 소리에
멍한 눈빛이라도 마주 본 적 있어?

넌, 밤새 숨죽여 우는 파도 소리에
귀 기울여 본 적 없어?

밤새 지치지도 않아
소리 내 우는 파도야!
너의 시린 사연 무엇이기에
가슴에 묻어 둔 파랗게 멍든 사연
나에겐 가만히 꺼내 줄 수 없겠니?

별들 모두 잠들어 버린 밤
홀로 깨어나 숨죽여
소리 내어 울고 싶다

봄비, 단비

복된 장맛비라더니
복된 봄비 내렸어요

봄비 맞으며
그냥 길 걷고 싶어요
꽃길 열어 놓고 기다리는
봄 길 마냥 걷고 싶어요

봄바람 좀 무례하게
불어옵니다
거친 봄바람 때문에
꽃비 내려요

무슨 까닭에 꽃잎 휘날리며
설레는 맘 문 두드려
옷고름 풀어 헤치는지
묻고 싶어요

겨우내 먼지 쌓인 묵은 땅에도
밤새 내린 봄비에

봄날 실어 나르는 시냇물에도
꽃바람에 물든
연분홍 가슴에도
꽃비 내려요

푸른 하늘에는 봄바람
산과 들에는 봄비
봄날 가는 마음엔
꽃바람 휘날려요

푸른 꿈

길을 간다
날 벌써 여름날 재촉하지만
덤비지 마라
아직 연분홍 옷자락 휘날리는
봄날이다

길을 간다
연초록 치마 두른 떡갈나무
너른 어깨 벌리고 자태 뽐낸다

봄 길을 간다
봄 햇살에 갓 태어난 잎새
뽀얀 얼굴에 빛이 난다

보랏빛 제비꽃 몸짓에
춘정(春情) 일고
산딸기 여린 잎 사랑 꿈꾸고
먼저 하늘 날아간 민들레 홀씨
노란 색동저고리 입고
먼 하늘 바라보는 눈길에 마음 빼앗긴다

봄날을 간다
길가에 홀로 피어난 이름 모를 잎사귀
저 높은 하늘 향해
푸른 꿈 하나씩은 간직하고 있겠지

날 더워지면 비바람도 일고
어두운 밤 환히 밝히는 천둥, 번개
휘몰아치는 장대비, 좀 무섭다

그래, 세상은 무섭기도 하지만
끝끝내 굴하지 않고 저 하늘 높이
꿈 펼쳐 늦가을 열매 맺어 놓고
가만히 고개 숙이며 지난날 있었던
은혜 하나둘 헤아려 보는 친구도 있단다

그래, 꿈을 꾸자
파란 꿈 저 하늘에 펼치자
먹구름 일고 비바람에 천둥, 번개
멋진 가을 열매 약속하는
또 다른 친구 아니겠니?

4월의 하늘

검은 장막 작은 별빛에 밀려
하나둘씩 열리기까지
앞을 볼 수 없다

4월, 짙은 봄날 내보내다가도
갑자기 겨울철 실감하는 날 불러내고
구성진 비바람 몰고 와, 온 땅 뒤덮어
숨죽이며 때 기다리게 한다

웃다가도 눈물 흘리고
울다가도 웃음꽃 날리는 4월
먹다가도 목메어 뜬구름 바라보고
꽃길 걷다가도
슬픈 꽃비에 젖어 버린 4월

가져가 다오. 서러운 눈물일랑
하나도 남김없이
데려와 다오. 민들레 홀씨
창공 한없이 훨훨 나는 봄날을

쓸어가 다오. 머리끝에서 발끝까지
거칠게 뒤덮은 사나운 먼지 때
싸매어 다오. 아직도 쓰라린 상처
부둥켜안고 잠 못 이루는 4월의 밤하늘을

설마!

설마, 별이 빛나는 밤
어둠 때문에
겨우 빛을 보았는데
그새 여명 찾아올까?

칠십 년이면 굳었겠지
강산 일곱 번 변해
너와 나, 서로 마음 나누기엔
새로운 꿈들 깊은 잠 젖었으리라

설마, 이글거리는 태양
가던 길 멈추고
밤의 꿈 영글게 하던 둥근달
그 엷은 미소 사라질까?

끊어진 산맥에 다시 맥박 돌고
멈춰 버린 평화의 강물
다시 숨 쉬는 그 새벽 올까?

사랑을 태우는 붉은 태양

밤의 정염(情炎) 삭이는 달
정면으로 만나 맞잡은 손
하늘 구름 일고, 영원한 평화
올까? 설마!

한 떨기 꽃잎 지고 나면

연분홍 치맛자락
한 자락 두 자락 감고 감아
싱싱한 암술, 수술
태양 빛으로
뜨거운 밤 보내고 나면

모진 비바람
쌓아 올린 터
진동시키는 천둥
빛 삼킨 어둠 떨게 하는 번개
이리저리 뒹굴어도

한 떨기 꽃잎 지고 나면
빨갛게, 빠알갛게
달콤한 입술로

싸늘한 단풍잎 사이로
가을비 마중하는 하늘 아래
홀로 서리라

꿈꾸는 봄날 다하기 전

뿌연 먼지, 꽃가루 푸른 하늘 뒤덮고
진한 초록 잎으로 온몸 휘감고
더 푸른 하늘 향해
목마른 입술 태우는 4월 고개턱

이리 뒹굴고 저리 뒹굴어 견뎌 온 나날
준비되지 않은 자에게 5월 낯설까?

처음 가는 나그넷길이기에
눈물 반, 기쁨 반
한숨 반, 행복 반
못다 채운 가슴 빈 채로
다시 작은 고개턱 넘는다

타는 목마름에 한 방울 생수 허락하소서
한 걸음 건너며 손 내밀면
너와 나, 우리 이웃사촌
아직 마르지 않은 눈동자에
작은 웃음꽃 허락하소서

어디인가요? 언제인가요?

빼앗긴 들에도 봄은 오는가?
선인은 물었는데
우리의 봄 어디 있나요?

꽃 피고 새들 하늘 날고
꽃나비, 춤을 추는데
우리의 푸르른 아들딸 어디 있나요?

티 없이 맑은 하늘도 어두워요
한없이 너른 벌판도
너무나 좁고도 답답해요

어디를 가야 꽃 피는 봄
눈물 없이 맞이할 수 있나요?
누구에게 물어보아야
침묵하는 희망 깨울 수 있나요?

저 우주 떠받치고 있는 땅
힘껏 두드리면 되나요?
저 하늘에 소리쳐 두 주먹 휘두르면

하늘 문 열릴까요?
너와 나, 우리 함께 어깨동무하며
웃어 볼 날, 언제일까요?

한없이 웃고 떠들어도
부담이 없고 부끄럽지 않으려면
얼마나 더 아픈 가슴 안고 가야 하나요?

연분홍 꽃잎 가득 머금은 눈동자
살짝 다가가 툭 건드리면
새벽이슬 머금은 웃음 방울 날아갈까요?
저 꽃잎 휘날리는 오월
함께 웃지 못한 눈물방울 떨어질까요?

꽃잎으로 눈물을

찬란한 아침은 간밤에
밤잠 설치며 동녘
사모하는 자의 몫

들뜬 마음으로
달려간 삶의 마당
골목길 돌아서면 커다란 그림자

봄날 지고 나면
어느새 쓸쓸한 가을밤
봄날 너무 짧다

티 없이 맑은 하늘 대하고
두 날갯짓으로 손짓하는
꽃송이 향해 다가가도
짐 되지 않을까요?

저 하늘에 이슬과 함께 내린
티 없이 맑고 고운 꽃잎으로
봄 잔치 다가가지 못한 슬픈 눈물
말없이 닦아 주면 안 될까요?

왔다가 살짝 떠나

난, 우주에
떠 있는 작은 별 하나
그분의 귀한 손길 닿으면
환하게 빛나요

왔다가 살짝 떠나 버리니
인사도 제대로 못 건네고
사라졌죠

지난날
잠깐 함께 눈 마주쳤던 그때
처음이자 작은 이별

우주 너머
한쪽 끝자락에서 다시 만나요

안녕!
인사는 언제나
봄꽃처럼…

수도원

원수, 가정에 있다?
너무하신 거 아닌가요?
주님!

기도 없이
은혜 없이
사랑과 용서 없이
어찌 살라고…

단 하루도
빠짐없이…
오, 주여!

난, 외면할 수 없습니다

아! 5월 광주!
난, 외면할 수 없습니다
아! 5월 빛고을!
두 눈 부릅뜨고 똑바로
마주 보겠습니다

41년 흘렀다고
강산 네 번이나 바뀌었다고
외면할 수 없습니다

두려움과 공포로 가득한 눈동자 속
자유 외면할 수 없기에
땅 지탱해 온 생명 버릴 수 없기에

피 흘리는데 빠른 마수들
그 아래 꼭두각시 노릇 하던 군홧발에 맞서
푸르고 푸른 하늘 향해
목청 높입니다

피눈물로 부르짖는 소리

뿌연 먼지처럼 하늘 덮을 때
모두 폭도라 가볍게 왜곡하고
죽일 놈들이라며 양심 어디 두었는지
종교인들까지 합세해
빛고을 먹구름 퍼부어 댔을지라도
귀 막을 순 없습니다

저 하늘 알까요?
저 하늘 두 눈 뜨고 보았을까요?
오직 하늘만 바라보며
오천 년 묵은 땅에 진실과 사랑 심었던
5월 사람들 끓는 심장 소리를!

난, 외면할 수 없습니다
가시와 쇠꼬챙이로 무장한
역사의 수레바퀴에 짓밟힐지라도…

난, 잊을 수 없습니다
희망을 약속한 동녘의 붉은 태양
고요히 잠든 새벽의 노래 깨우는 한

한 알의 밀알

벌써 5월, 그냥 가려나?
개나리 노랑 물들여 어깨춤 추고
하얀 물결로 밤하늘 은하수 장식하던
벚꽃들 은밀한 속삭임 4월, 끝났나?

두꺼운 먼지 덮어쓴 겨울 외투 벗고서
꿈 많은 봄노래 함께 부르며
길 가자 유혹하던 진달래꽃 향수
누구 품으로 사라졌나?

벌 나비, 춤 길 따라
봄 소풍 흥취에 잠길 때
임들 검은 눈동자 내리깔고
곧은 허리 꺾어 거친 땅 일군다

목구멍이 포도청이라던 말
귀때기 사정없이 후려칠 때도
묵묵히 견뎌 온 그 열정으로
한 알의 씨, 오늘 여기에 심는다

그 모든 수고와 땀방울, 양 볼 타고
내려온 눈물방울까지 하나둘 새겨 줄 그날
까마득한 날, 기억조차 희미할 그때
되살려 줄 생명의 씨, 한 알

하늘 바라본 농부의 두 눈동자
고인 작은 소금 조각 추억
그 임 약속 따라
진달래 꽃잎 뿌려 놓은 그 봄날 다하기 전

마음속 깊이 묻어 둔
새벽이슬로 씻어 낸 맑은 소망 심는다
아직 젖어 있는 그대의 메마른 심장에

내 마음에 피어난 꽃잎

꽃 피는 오월
산과 들 푸르러
온 하늘 덮을 때

여기를 보세요
목마른 입술에
한 방울의 물을

여기에 귀 기울여 주세요
가냘픈 목소리 다 쉬기 전

화려한 옷깃으로
오월 장식한 날
흐린 눈동자 껌벅이며
애원하는 소망 하나에
마음의 손 하나 내어 주세요

네 가슴에 상처 난 구멍
내 가슴에 피어난
꽃잎인 것을 인정하게 하소서

농부의 꿈

온 천지 꽃노래 흥겨우나
오월 농부의 손길 바쁘다

일 년 농사 이날에 달렸으니
어쩌랴!
비 오나 바람 부나
어찌 멈출 수 있으랴

허리 펴는 것보다 허리 굽혀야
가을 하늘 아래 탐스러운 열매
기대할 수 있기에

가냘픈 손가락 거친 땅 일구어
굵은 땀방울 흘려야
달콤한 열매 바라볼 수 있기에

마음에 담아 둔 희망의 씨앗
휘저어 놓은 논과 밭에 심어야지
싹 나고 잎 나고
저 하늘에 꿈 영글도록

땀과 기도로 가꿔야지

저 하늘 무지개
두둥실 떠오르는 날
시들지 않은, 영원토록 달콤한 열매로
지난날 잊으리라

꿈길

하나님이여!
하늘 정겹고 숲 너른 팔로
안아 줍니다

바람 산들산들 다정다감한
손길로 온몸 휘감아 옵니다

꿈같은 봄날 갑니다
누구나 자기 푸른 꿈 그려 보는
푸른 숲, 푸른 꿈나라
여기 펼쳐집니다

그날 어떤 꿈 열매로
다시 만날지 확실한 기약 없지만
푸르고 싱싱한 꿈 자락에
마음 실어 보냅니다

대지 중후함같이
비바람 숲 헤치고
천둥, 번개 어둠 갈라놓아도

굴하지 않은 꿈길 갑니다

저 하늘 무궁함같이
북풍한설 몰아쳐 온 산, 들 떨게 하여도
영원 잇대어 한 걸음 걸어갑니다

산딸기 같은 맛

간밤의 단비 천하 풍년 기대하는
농부들에게 큰 희망을 품게 할 것입니다

새벽을 깨워 모내기 논길 살피고 콩밭 일구던
우리 어버이들의 바쁜 손길
여기저기 분주히 눈앞을 스치고 지나갑니다

농촌의 평화로운 추억은 점점 더 잊은 채
온갖 인간 군상들의 꿈 하나로 녹여내는
용광로 같은 도심 깊숙한 곳으로
달려가는 청춘들의 발걸음
짠하게 다가옵니다

그래도 동녘이 붉게 밝아 오는 한
작은 소망 놓지 않게 하소서
엎드려 일구는 농작물의 숨결 따라
호흡하는 일손에 산딸기 같은
상쾌한 맛으로 영글어 가게 하소서

개혁(改革)

진리를 따라
목숨을 걸고
사랑을 살기 위해
일생을 걸었던 사람

고난의 깊은 밤 가고
영롱한 새벽이슬 반짝일 때

찬란히 빛나던
한 떨기 믿음의 꽃
시들다 못해 썩은 냄새로
세상을 덮는다

어찌할 것인가?
저 들에 거친 땅 뚫고 나와
푸른 하늘 향해 솟는
새싹을 보라

멍든 가슴

진달래꽃 온 산 덮을 때
가슴에 분홍빛으로
물들지 않는다면
어찌 혹독한 겨울을
이겨 냈다 하리오!

아카시아 꽃향기에
미친 듯 춤추는 벌 나비 자태에
함께 춤추지 않는다면
어찌 몸과 맘 녹이는
희락을 맛보았다 하리오!

사랑하는 임의 꿀단지
온몸으로 뛰어들지 않는다면
어찌 다함없는 하늘의 영광
보았다 하리오!

한 번 마주친 눈동자

그대의 발걸음 소리에
난, 더는
움직일 수 없었소

그대의 빛나는 눈동자와
마주치는 순간
난, 내 몸속에 용솟음치는
맑은 샘을 보았소

그대 입술에 흐르는 향취
날,
영원히 깨어나지 않을
꿈 꾸게 하였소

홍강아! 환갑(還甲) 너에게도

육십갑자(六十甲子), 돌고 돌아온 신축(辛丑)년
어찌 이리도 빠른 세월의 물결인가?

따뜻한 봄날, 화창한 봄날
농부들 손길 바쁠 때
사랑하는 아들 낳아 가난 중에도
애지중지 길러 주신 어머님의 은혜가
깊고도 넓어 헤아릴 수 없어라

청운의 꿈을 안고 살아온 인생
어찌 굴곡이 없으며
어찌 인생의 쓴맛, 단맛
떫은 맛보지 않았을까

돌아보아 후회한들 무엇 하리
돌아보아 탄식한들 무엇 하리
돌아보아 곱씹은들 어찌하리

아직 가야 할 길 있고
아직 피지 않은 꽃 있으니

땀방울 끌어모아 남은 정열 쏟아부어
작은 불꽃 태워 봄이 어떠랴

저 멀리 황혼(黃昏) 찾아와 어깨동무하자 할 때
고단한 몸과 맘 달래 줄 길동무
곁에 있다면, 은혜인 줄 알고
하늘의 하나님께 감사하자

지친 영혼 의탁할, 영생의 소망
그대를 사로잡고 있다면
기쁘고 평안하지 아니한가

* 사랑하는 동생 환갑을 축하하며

5장

능소화:
명예와 영광,
그리움 품고 피는 꽃
(기간: 2021년 6월~2021년 8월)

유월의 기도

무더위와 씨름하며 성장통 겪어야 하는 유월
쓰디쓰지만 달갑게 여기며 가리라 다짐하며
두 팔 벌려 유월을 맞이합니다

땀 냄새에서 수고하고 애쓴
진정한 향취 느껴 보고 싶군요

유월이 오면 먹먹한 가슴 진정시키느라
하늘의 하나님 바라봅니다
찢긴 강토, 아직 전쟁의 칼 갈고
증오의 활 당겨 심장 겨누는 일에
점점 익숙해지는 한반도!

어찌해야 합니까?
온 만물 푸르러 하늘의 은혜 노래함같이
온 백성 하늘의 하나님께 무릎으로 나아가
예기치 못한 하나 되는 은혜 힘입어
한없이 주를 찬양하게 하소서

창조주 하나님의 사랑과

우리 위해 대속(代贖)의 죽음 죽은

예수 그리스도의 은혜와 평안

생명과 은혜의 하나님 바라보는

모든 사람과 함께 하길 기도합니다

   * 대속(代贖, atonement redemption)

길을 갑니다

길을 갑니다
저 푸른 산과 들처럼
끝없이 이어질 물줄기 그리며

길을 갑니다
또 하나의 푸른 나무로
향기 더하여
지친 마음 위로하기까지

길을 갑니다
외롭지 않아 다시 찾는 길로
만났다가 헤어져도 그 언젠가
다시 만날 약속을 간직한 채로

농심(農心)

유월, 바람도 시원하여
모내기 논밭 일구는 바쁜 농부들 시름
조금이라도 덜어 주는 듯합니다

심든 심지 않든 논과 밭엔
알곡 아니면 가라지, 잡풀이 나겠지요
한때 세상 다 덮을 것처럼
무성하다가도 뜨거운 바람 불고
촉촉한 땅 메말라 쩍쩍 갈라지는 때 오면
허망한 가을 아래 한숨과 탄식
발등을 찍겠지요

탐스러운 곡식
농부의 수고 보상하고
붉디붉은 열매 하늘의 약속
더욱 갈망하게 하지요

꿈꾸는 숲, 일구는 농부 손길
함께 달콤한 열매 기대하는 장미의 계절
조물주의 돕는 손길 인생 농사짓는
모든 이들의 꿈 영글어 가길 소망합니다

걸어가는 인생

먹구름 하늘 덮고
태양은 길 잃었나
어두컴컴한 하늘
마음마저 짓눌러 무거운 마음에
돌 하나 더한다

인생은 하늘의 창
열어 볼 마음조차 없는가?
손 내밀어 지나는 들꽃송이
마중할 수 없는가?

사시사철 돌아오는 봄 잔치
시큰둥한 반응은 또 무엇인가?

하늘 아래 인생길
숲속 새들의 청아한 노래 듣고
바닷가 일렁이는 파도 소리에
장단 맞출 수 있다면 행복하지 아니한가?

구름 걷힌 푸른 하늘 마음에 그리고

무한한 여유 가지고
노 젓는 인생 응원하는 파도 소리에
박자 맞출 수 있다면
인생이 기쁘지 아니한가!

총천연색 열 가지 백 가지로 웃는
꽃들의 웃음소리
따라 크게 웃어 보면 어떨까

아물지 않은 상처

때아닌 비 주룩주룩 산과 들 적십니다
마음 한구석까지 파고들어
메마른 마음을 적십니다

수많은 사고와 예기치 못한 일 앞에
우리는 할 말 잃고
해야 할 일조차 용기가 나지 않습니다

예기치 못한 일로 애통해하는
사람들의 상한 마음 무엇으로
위로할 수 있을까요?

뭘 해야 할지, 어디로 가야 할지
어떻게 해야 하는지
무엇을 바라봐야 하는지
흐린 눈, 앞을 가립니다

세상의 모든 일에 우연이 없다고 하지만
도저히 이해할 수 없고
이해하기 어려운 일들

세상을 살아가는 길 막아서서
잘 비켜 주지 않습니다

그 누구를 탓하리오. 그 누구를 원망하리오
하지만 이 땅에 억울하게 착취당하고
억울한 일 당한 사람들에게
정의로운 태양을 비추어 주소서

위로부터 내려오는 하늘의 위로와 감쌈
수십 년 지나도 아물지 않은 상처
아물도록 치료하고도 남아
능히 이기고도 남음 있게 하사
고난 닥친 사람 위로하게 하소서

그 얼굴

참 좋은 일이다
그리워한다는 거
참 설레는 일이다
사랑하는 사람 마음에 떠올리는 일

나도 어머니 곁에 계신다면
함께 들꽃 만발한 길 걷고 싶고
출렁이는 바다 무심히 바라보고 싶고
하찮은 일로 깔깔대고 웃으며
그 얼굴 바라보고 싶다

왜, 좀 더 일찍 알지 못했을까?
왜, 좀 더 일찍 하늘이 내려 준
자잘한 기쁨 놓치고 살았을까?

길 걸으면 언제나 떠오르는 얼굴
그리운 얼굴
되돌려 다시 보고 싶은 그 얼굴
어머니!

꿈은 왜?

꿈은 왜 하필 나무 끝에
대롱대롱 달려 있나?
도달하기도 전에
떨어지면 어떡하려고

꿈은 왜 저 푸른 하늘까지
도달해야만 이루어지나?
날다 날다 가냘픈 날개
부러지면 어떡하려고

다 온 줄 알고 바라보면
꿈은 왜 등 뒤에 서 있을까?
밤새 씨름하던 삶의 앓는 소리
무엇으로 달래 주나?

아! 그립고 사랑스러운
젊은 날, 나의 초상(肖像)이여!

시인과 꽃 한 송이

'내가 그의 이름을 불러 주기 전에는
그는 다만 하나의 몸짓에 지나지 않았다

내가 그의 이름을 불러 주었을 때
그는 나에게로 와서 꽃이 되었다?'

앞서간 자의 사랑의 갈망인가?
외로운 자의 목마른 외침인가?

그대가 나를 불러 주기 전에는
하나의 소리에 지나지 않았지

그대가 나를 불러 주었을 때
나는 아침이슬 머금은
노래가 되었지

머리 데우던 이글거리는 태양
저녁노을 잠들기 전
태초에 새벽 깨우던 여명으로
다시 한번 불러 다오

일제강점기에 징용으로 구사일생 살아나
결혼하고 첫아들, 둘째 딸 두 살 되기도 전
전쟁으로 버림받은 땅
밤마다 목숨 부지하기 위해
갓 낳은 두 자녀와 아내 두고
피해 다녀야 했던 그 긴 여름밤 어떠했을까?
곁에 있을 땐 물어볼 생각도 못 했다

어머니는 집이다. 평안한 터, 하늘 무너져도
울타리 되어 주신 행복의 터였다
그때는 무한한 행복인 줄도 몰랐다

육십 고개도 넘지 않은 나이에
황망히 남편, 저세상으로 보냈다
그 누가 영원한 작별 예측하고 살까?
그로부터 꼭 한 달 후 맏딸, 결혼한 지
십 년 만에 부모에 대한 애잔한 섬김과
사랑만 남겨두고 곁을 떠났다

홀로 남은 시간 속, 뜨거운 여름날
땀으로 멱을 감고 들어온 썰렁한 집
기나긴 겨울밤 외로움 온몸으로 끌어안은 채
저 들에 꿋꿋이 자라는 소나무처럼

그렇게 자리를 지켰다

난, 한 번이라도 어머니 모든 근심
걱정 잊고 환하게 웃게 한 적 있는가?
난, 한 번이라도 네가 내 아들로 태어나 줘서
고맙다고 고백 받은 적 있는가?
혹 마음에 근심, 염려 없는지
한 번이라도 물어본 적이 있는가?

어디 불편한 데는 없는지
혹 무슨 필요한 것은 없는지
추운 겨울날 방바닥은 따스한지
혹 몸 어느 한 곳이라도 아픈 곳은 없는지…

왜 몰랐을까?
왜 좀 더 생각하지 못했을까?
왜 좀 더 배려하고 보살피지 못했을까?
내가 괜찮으면 어머니는 언제나 괜찮고
내가 잘 지내고 있으면 어머니도
당연히 잘 계시는 줄 알았다

산다는 게 무엇인가?
거창한 말, 멋지고 아름다운 말들

무슨 변명의 옷자락인가?
그가 외로울 때 함께하지 않는다면
그가 그리워할 때 찾아가지 않는다면…

* 임마누엘: '신은 우리와 함께'라는 의미

저 별은 나의 별

살아가야 할 이유
단 한 가지라도 가지고 있겠지요?
하지만 그 단 하나의 이유
잃어버린 사람은 어찌합니까?

바로 당신이 세상에 살아가야 할
이유라고 말해 주시면 안 될까요?

사방을 둘러봐도 어둠뿐이요
희망이 아닌 절망으로 다가오는 것뿐이라면
뭐라고 대답해 주어야 할까요?

목울대 타고 넘는 그 무엇이
두 어깨를 짓누를지라도
저 들에 피어난 하찮은
작은 꽃들 바라보아요

개념 없이 아침을 깨우는 태양
아무 일도 모르고
아무 상관도 없다는 듯

동녘의 하늘 여는 태양

오늘도 저 너른 벌판
흐드러지게 피어난 들꽃 같은 당신
세다 세다 지쳐 버린 무수한 모래
저 별은 나의 별 저 별은 너의 별이라
꿈꾸던 별빛 같은
그대를 위해 뜨는 태양이라고

저 별은 그대의 별

들에 핀 한 송이 꽃도
그대의 길 밝히는 등불
길 가는 동안 외롭지 않아요

저 별빛 잃지 않는 한
들꽃의 속삭임
그치지 않는 한…

저 별은 나의 별
저 별은 그대의 별

그대 지쳐 쓰러진 그 자리
작은 향기로 함께해요

그대 잠든 시간에도
외롭지 않게 외롭지 않게
밤새 반짝여요

경건 훈련

아침밥은 조금 먹는다
어제 먹었는데 또 먹는다
그런데 맛있는 떡 있으면 조금 더 먹는다
먹고 나면 반응이 온다
조금 덜 먹을걸…

초상집 가면 조금 먹는다
먹을 게 별로 없어서도 그렇다
하지만 맛있게 먹으려고 한다
사는 게 뭔지

결혼식장에 초대받아 가면
생각보다 많이 먹는다
뷔페식당, 산해진미 아닌가?
절제를 기도하고 먹지만, 어찌 절제하랴!
숨 못 쉴 정도로 먹지는 않는다

평소에 평범한 일상에서
하나님 경외하는 법
하나님 경외하고 그를 즐거워하며

기쁨으로 함께하는 삶, 배우려 한다

40일 금식기도 후 예수 유혹한 사탄
돌로 떡 만들어 먹는 것 아니었나?
사흘 굶으면 남의 담장
넘지 않는 사람 없다는데
참을 수 있을까? 견뎌 낼 수 있을까?

먹는 일, 경건의 출발선 아닌가?
작은 빵조각 하나 먹으며
주린 영혼, 하늘 양식으로 채울 수 있을까?
진리와 사랑 채울 빈자리
남겨 놓을 수 있을까?

갈증

더는 먹고 싶지도 않고
더는 이룰 만한 목표도 없다

세상 뭐 다 그러고 그런 것 아닌가?
세상 뭐 적당히 둥글둥글 살면
좋지 아니한가?

전쟁 그친 소리도 70년 지나가고
피난살이 생각하면
지금 먹고 마시는 걱정, 옷 걱정
잠 걱정 없이 살 수 있으니 낙원 아닐까?

더 이룰 만한 꿈 뭐 있겠나?
아옹다옹 몸부림치며 그렇게 살아야 할까?
십 년 가고, 삼십 년 가고 보면
커다란 일들 작게만 보이지 않은가?

장마 온다더니 온데간데없고
무더위만 연일 이맛살 벗겨 내듯
머리 위 떠나지 않는 태양은 무언가

시원한 물 한 잔 마시고 싶다
이제 인생의 갈증
더 느낄 필요 없는가?

두렵고 두렵다. 말라 가는 갈증이!
인생길에 생수 맛보는 열망
살아간다는 게 무엇인지
진리로 옷 입고 사랑을 산다는 게 무엇인지

이 갈증에서 만족할까 두렵다
누구여! 산과 들이여!
바다에 다다르기까지
이야기 만들어 내는 일
쉬지 않는 강물이여!

채워도, 채워도 아직도 밤잠 설치며
태초의 밤 기억하는 바다여!
들려다오. 보여 다오
당신의 갈급함을!

작은 손길

지울 수 없는 무더위
길을 가야 하는 나그네에
작은 그늘 내어 주는 나무 되게 하소서

숨쉬기조차 불편한 대도시
밤공기 맑게 할
작은 이슬방울이게 하소서

온종일 땀 흘리며 수고하고
지친 몸 이끌고 작은 집을 찾을 때
어두운 방 밝히는 등불이게 하소서

비록 날은 더울지라도
하루에 꼭 먹어야 하는 생명 양식이라며
따스한 밥과 뜨끈한 국물
마련한 손길에 진정 감사하게 하소서

숨

찰랑찰랑 쉼 없이
춤을 추더니
들숨 날숨 하루에 두 번씩
야무진 숨 쉬는 바다

세상에 가장 아름다운 꽃
긴 겨울 찬바람 이겨 낸
파릇파릇 봄꽃

탁한 세상 푸르게 푸르게
생명의 숨결로 가득 채운
너른 가슴 여름 숲

아지랑이 줄기 따라
꿈꾸며 심어 놓은 씨앗
여름내 땀 흘려 일군 농부의 희망
조각 하나 잃지 않고
푸른 하늘 아래 달아 놓은 가을 정성

이제 지친 어깨 내 등에

맘 편히 기대고 쉬어요
이제 수고의 열매 먹으며
달콤한 사랑의 겨울 저녁

동녘 커다랗게 떠오른
이글거리는 태양
찰랑찰랑 밤새 씻어 놓아
큰 숨 한 번 내쉰다

바라보고 있나요?

잊었나요?
밤새워 씨름하며
약속한 맹세를

기억하나요?
지울 수 없는 상처마다
아린 사랑의 흔적인 걸

할 수 있는 게 아무것도 없나요?
기다리다 놓아 버린 동아줄
견디다, 견디다가
버티고 버티다 쓰러진 자리

바라보고 있나요?
하늘과 땅 만나는 곳
솟아나는 진리와 사랑의 샘터

하늘, 우러러보세요
수정같이 맑은 이슬 머금은
그 눈동자!
그대 향하고 있잖아요!

은하수

흩어진 모래알처럼
잘게 부서진 검은 조각들
어두워야 하나둘 고개 내미는 별!

다가오다 스러진 너 하나 나 하나 별빛
티 없이 맑은 얼굴로 지내다가
어두운 물길 따라
마침내 빛나는 은하수 물결

밤길 함께 가는 친구
눈길만 주면
동녘의 아침 맞이할 때까지
곁을 떠나지 않아
네가 친구로구나!

'참을 인(忍)' 자 새기며

무더위에 견디기 힘들어
내던지고 싶고
벗어내 버리고 싶은 짐
아직 어깨 짓눌러도

구슬땀 흘리는 자리에
굵어 가는 줄기에
한 올 한 올 영글어 가는 열매
웃음 짓게 합니다

잠시 스쳐 가는 소나기에도
반가운 마음 앞서갑니다

좋은 사람, 오래 묵은
향기 있는 친구 오는 길
반기는 시절 왔으면 좋겠습니다

여름이면 가을 하늘 아래 뒹구는 곡식
가을 오면 온 동네 벼메뚜기
뛰노는 강아지, 날개 치는 수탉

함께 잔치하는 날이겠지요

그렇게 지루한 여름
'참을 인(忍)' 자 가슴마다
하나씩 새기며 나그넷길 갑니다

고향이 천국

머리를 태울 만큼 태양 훨훨 타오른다
팔월이면 기나긴 장마 구름 밀어낸
하얀 구름, 파란 하늘 멋지게 그려 놓는다

아침에 시원한 물 두 되짜리
노란 주전자에 가득 담아 오면
어느새 뜨거운 태양과 하나 된다

그러거나 말거나 공동묘지 옆 콩밭
고추밭 매는 어머니의 손길
눈앞에 아른거려 마음만 하늘을 난다

남편도 앞서 보내고,
사랑하는 큰딸도 앞세우고
품 안에 자식 육 남매
모두 고향 떠나 천 리 타향에
밥이나 제때 먹고 사는지
타는 그리움 가슴에 묻고
기나긴 밭고랑 맬 때
그 마음은 어떠했을까?

아! 그립고 그립도다
이제는 찾아갈 고향 있으나
그리운 어머니 안 계시니
괜히 휑한 하늘만 쳐다본다

시골집 찾아가면 아무 때나 계셨는데
가난해도 행복 가득한 집이었는데
아! 이제는 어디로 가야 하나!
어머니 계신 고향 천국이었는데
너무도 아쉽고 그립다

난 가만있는데 흰 구름 먼 산 넘고
심어 놓은 화분 속 호박잎 참 푸르고도 힘찬데
세월이 흐를수록 왜 마음은
이다지도 아려 올까?

앞서간 손길 그립기만

입추(立秋) 지나서인지
아침저녁으로 1~2도 차이뿐인데도
더위 훨씬 누그러져 시원한 바람에
기분 좋아요

옛 어른들 그 무더운 여름날도
모깃불과 부채 하나로
어떻게 이겨 냈을까요?

어린 시절 모깃불에 말린 갈치 구워 주시던
어머니의 따스한 손길 아련하게 떠오릅니다
손을 뻗으면 닿을 것만 같은데
그리움 저편에
그저 환한 웃음만 보여 주십니다

일생이 고난으로 점철되었다 해도
지나친 말이 아닐 정도로 불편하고
힘겨운 세월 어떻게 다 이겨 내고
자녀들만은 흠과 티 없이 맑고 밝게
다음 세상 이어 가도록 하셨는지요?

감사한 마음에 자꾸만 고향 그립고
다정했던 어버이의 손길
고맙고, 감사하기만 합니다

받은 은혜, 새겨진 사랑
하나도 지우지 않고 고스란히
다음 세대 이어 갈 우리 자녀들에게
기도하며 삶으로 흘러가도록
마음에 다짐하고 또 새겨 봅니다

내 인생에 박수

당신은 인생의 경주자!
쉼 없이 달리고 또 달렸다
꽃 피는 봄날, 새파란 들풀
꼬무락꼬무락 올라오는 벌판도 내달렸다

한창 잘나간다 싶을 때
예기치 못한 먹구름 끼더니
장대비 억수같이 내리고
천둥과 번개까지 쳐 댔다

갑자기 앞길 막혀 어찌할 바 모를 때
희미한 삶, 희망의 등불 붙잡고
한 걸음 한 걸음, 앞으로 앞으로 나아갔다

뭉게구름에 실려 온
파란 꿈 조각들 춤을 추고
찬란한 꽃 만발한 들도 지나고
황금물결 일궈 낸 잔잔한 강물도 지났다

그동안 얼마나 땀 흘렸는지

피부는 검게 타고 얼굴엔
짜디짠 소금가루 거친 주름살 파고들었다

얼마만큼 달려왔을까?
뒤돌아볼 새도 없이 앞만 보고 달려왔는데
달리긴 제대로 달려온 건가?

커다란 고갯마루 넘는데
팔팔하던 무릎도 떨렸다
심장의 고동 소리 쉽게 가슴팍 두드려
자꾸 입 크게 벌려 콧구멍 자극한다

얼마나 달려왔을까? 조금만 더 가면
다 가는 건가. 한 번뿐인 인생길인데
아쉬운 마음은 어디서 꿈틀대나

바라보는 저 산도 흐려져
자꾸 돋보기안경을 닦는다
그래도 가야지. 앞을 향해 한 걸음이라도
나아가자. 조금만 더 가면 돼

다 왔나? 잠시 허리를 펼 겸 쉬었다 가자
너무 앞만 보고 달려왔나?

여태 보이지 않는 친구는
어디쯤 가고 있을까?

먼 산에 흰 구름, 길가엔 다정한 들꽃 재롱
끝없이 저 하늘 향한 길
꼬불꼬불 길 펼쳐 놓는다

이젠 달릴 힘도 얼마 없다
종아리도 쑤셔 온다. 함께 달리자 함께 가자
말 붙일 사람도 저만치 있다

어차피 혼자 걷는 인생길
이름 모를 들풀도 친구가 되고
낯선 풀벌레 산새 소리도 정겹다

얼마큼 왔을까? 저 하늘 흰 구름처럼
둥실 떠 있는 내 꿈은 아직 다가갈 꿈인가?
하늘은 내게 성실로 식물 삼으라 하기에
저 하늘만 바라보고 달려왔다

이제 뒤돌아본다
혹 누가 날 따라오지 않을까
아무도 없다. 너무 놀라거나 실망하지 마라

난 그대에게 박수를 보낸다
저 별빛 찬란하게 빛나는 은하수 물결
어두운 물결 헤치며 별빛 따라 달려온 인생
그대의 발걸음에 힘찬 박수를 보낸다

외롭다고?

외롭다고?
그렇게 혼자 낑낑대지 말고
일어나 길을 걸어 봐
분명 널 반기는 친구 만날걸!

아무도 없다고? 조금만 더 걸어 봐
어느새 길가 들꽃 친구 되어 따라오고
지저귀는 산새들
너의 귀에 노래 될 거야

그래도 외롭다고?
너무 자책하지 마
저 푸른 산을 향해 소리 질러 봐
분명 난 네 친구야 속삭일걸!

외로우냐?
그러니까 인생이지
그래도 외로우냐?
두 팔 접어 널 안아 봐
좀 포근할걸!

그래도 외로우냐?
끝없이 펼쳐진 산과 들, 바다를 봐
두 팔만 벌리면 신기하게 달려오지
그리곤 품에 안겨

넌, 온 세상에 안긴 거야!
넌, 온 우주의 별빛을 안은 거야
넌, 끝없이 펼쳐진 밤하늘
빛나는 은하수 물결에 안긴 거야!

빠삐용

드디어 탈출!
수십 년 꿈꾸던 그날

이젠 저 바다 건너
파란 하늘을 날자
번잡한 거리도 마음껏 걸어 보자

새벽이슬 머금은
신선한 공기도 가슴팍 터지도록
들이마셔 보자

눈앞의 커다란 장벽
넘어야 한다
기필코 넘어야만 해

네가 좀 엎드려 볼래?
안 되겠어?
그럼 내가 어깨를 내어 줄까?

네가 넘어가면, 난?

내가 손잡아 줄게!

그럼 내가 엎드릴까?
그래도 되냐?
믿어도 되냐고!?

      * 빠삐용(Papillon): 가혹한 형무소에서 탈출
      시도하여 결국 성공하는 종신수의 실화를
      바탕으로 한 프랑스 영화, 1973년 개봉

통일의 꿈

하늘과 땅의 신이신 하나님이여!
우리의 소원을 바로 이 시간
이루어 주소서!

실향민들의 한을 풀어 주시고
부모와 고향산천 잃은 사람들
그 눈물을 닦아 주시고
그리운 부모, 형제 꿈결에도
찾아 헤매는 사람들
그 소원 이루어 주소서!

저들의 눈물 다 마르기 전
저들의 한 가닥 남은 희망의 줄 끊어지기 전
저들이 한을 품고 마지막 숨 몰아쉬기 전
한반도 통일, 민족의 통일 이루어 주소서!

페르시아 왕 고레스의 마음을 움직여
유대인 칠십 년 포로 생활에서 돌아온 것처럼
우리의 통일, 오늘 지금 당장 이루어 주소서!
너무 급한 것 아니냐고요?

갑자기 일어난 통일 소식 듣는
사람들 두 귀가 울리게 하소서
사람들 놀라고 당황하여 아찔하게 하소서!

우리 모두 놀라게 하소서
아니, 온 세상 사람들 다 놀라
나자빠져 어찌할 바 몰라
입을 다물지 못하게 하소서

통일의 감격스러운 소식 전하는
사람들의 입술 떨리게 하소서
통일의 영광을 바라보는 사람들 눈
기쁨과 평화의 눈물로 채우소서

통일의 날 갑자기 맞이해 놀라고
허둥대는 얼굴로 이 한반도를 채우소서

통일의 꿈 포기하지 않은 사람들 얼굴
거룩한 기쁨으로 채우소서
통일의 짜릿한 감격을 맛본 사람들 입술
감사와 기쁨의 웃음꽃 피게 하소서!

하늘의 하나님! 땅과 바다의 하나님

이루어진 놀라운 일
다 함께 감사하며 찬양하게 하소서

그가 이루셨도다
통일! 우리의 소원 통일
오늘이 바로 그날!

시(詩), 왜 쓰나?

하늘의 달도 따다 주고
밤하늘의 별들도 원 없이 따 주던 그 사랑!

말로 다 표현할 수 없는 그 진한 사랑!
봄이면 푸릇푸릇 꿈꾸는 새싹
온 산과 들에 활짝 핀 참꽃
진달래꽃, 매화 가득 채워, 날 오라 부른다

여름이면 눈 시리도록 진한 녹색으로 옷 입혀
울창한 숲 이루어 놓고, 두 팔 벌려 날 부른다

가을이면 빨간 열매, 노란 열매
사과, 감, 배, 조, 수수, 벼 이삭과 콩
가득 달아 두고, 날 오라 부른다

겨울이면 울긋불긋 뒹구는 마른 잎
산과 들에 새하얀 그림 그려 놓고
모든 수고 그치고 조용히 쉬는 그곳
너와 나 함께 사랑과 평안을 누리자
날 오라 부른다

태어나기 전부터 그 사랑 받았고
이 세상 끝날 때까지
함께하겠다는 사랑의 약속 받았다
그 큰 사랑, 물보다 진한 사랑
피를 나눈 귀한 사랑, 푸른 바다보다 깊고
새파란 하늘보다 더 높고 넓은 그 사랑!

한번 마음속 새긴 사랑
세상의 어떤 지우개로도 지울 수 없는 사랑!
지구를 한 바퀴 돌고 온,
줄자 가지고도 잴 수 없는 사랑
한번 빠지면 헤어나올 수 없는 그 사랑!

그 사랑 때문에 이 시를 쓴다
생명 바쳐 사랑한 그 사랑 받았는데
어찌 가만히 있으랴!
어찌 받고도 못 받은 척 외면하랴!

그 사랑 때문에 이 시를 쓴다
그 사랑에 대한 고백으로
지푸라기같이 부족한 것이지만
온 마음 담은 말로, 작은 몸짓으로
일생을 다하고도 모자라

죄송한 마음, 감격의 마음으로
그 사랑 고백에 화답하리라

하늘 나는 꿈

온 지구 땅덩어리 흔들리고
길바닥 이리저리 움직인다. 왜 그러나?
머리 어지럽고 두통 뒷골 때린다

손톱 사이에 작은 가시가 끼어도
맑은 눈동자에 티끌 하나가 들어가도
몸속 깊은 곳, 알 수 없는 곳에서
소리치는 진동에 온몸이 반응하는 인생

한 사람 아픈 게 아니라 온 우주가 아프다
하늘은 노랗고 앓는 소리
뒷전을 사정없이 내리친다

아, 알고 있지
깨어지기 쉬운 질그릇 인생인 것을!
하지만, 몸의 고통에서, 마음의 고통에서
진정 벗어날 수 없는 인생 아닌가?

오늘도 병원 침상 부여잡고
고통과 아픔에 잠 설치는 사람들

하루라도 아기 천사처럼
편히 잠들 수 없는가?

저마다 자신만의 고통 안고 가는 인생길
몸 한쪽 구석에 쌓아 놓고, 때가 되면
그 고통 끌어내어 씨름하며 진땀 흘린다

도우소서. 생명의 주여!
도우소서! 긍휼과 자비 가득한 주여!
치료하고 깨끗케 하소서
새털 같은 흰 뭉게구름 즐기게 하소서!

파란 하늘에 고추잠자리 날고
가을 전령 코스모스 향기로운 춤사위
함께 즐기게 하소서!

사랑은 어디서?

사랑은 어디서 오는가?
동녘에 바람 불면 오려나
남녘에 시원한 바람 불어오면 오려나

사랑은 어디서 오며
어느 가슴에 머무는가?

한밤중 별들도 웃다가 졸다가
흐르는 시냇물 재잘거리다 노래하다
하염없이 흘러가는 세월
가면 오려나

앞산, 뒷산 뛰놀던 나무들도 얼어붙고
산새 들새, 풀벌레 말문마저 막히는데…

찬바람 더운 바람 지난 자리
임의 흔적 남았으니
사랑이려나!

그대, 돈인가?

그대, 돈!
사랑의 대상은 누구인가?

그대 머무는 곳에
뜨거운 열정
산을 넘고 들을 지난다

사랑이라 다가오지만
맑은 눈 흐리게 하고
맑은 마음 어지럽히누나!

그대, 잡으려 하면 도망가고
놓으려 하면 알랑거리는 자태에
청춘도 한순간이라

그대, 영원히 머물 곳
어디인고?

참사랑 함께 가지 못하면 어쩌나
그대와 영원히 이별인데…

던져 버리고 싶은 짐

밖이 너무 어둡습니다
한 치 앞도 분간할 수 없습니다
조금 있으면 동녘에 빛 기어 나오겠지만
작은 빛일지라도 나에겐 지금 필요합니다

모두 긴 잠에서 깨어납니다
각자 삶의 터전으로 가기 위해
분주하게 무거운 어깨 털고 일어납니다

자기 몸 비빌 언덕 있다는 거
얼마나 행복하고 보람 있는 일인지 압니까?
비록 힘들고 귀찮아 놓아 버리고 싶지만…
그래도 한 걸음 한 걸음 옮겨 놓는 것
내 소중한 삶이겠지요

하루가 여삼추(一日如三秋)
왜 시간은 더디 갑니까?
심장 고동 소리 듣지 않으면
지구가 도는 소리 들어야 할 것 같습니다

기나긴 여정, 다행히 하루해
시커먼 동굴 찾아 들어갑니다
하얀 밤 한 번도 깨지 않고 잘도 자겠지요

내려놓을 수 없는 무거운 짐 지고
길을 갑니다
저녁 되는 기쁨을 누리게 하시고
새벽 깨우는 감격을 맛보는 인생이게 하소서

비록 두 어깨에 올라온 짐 가볍지 않아
당장 벗어던져 버리고 훨훨 날고 싶으나
끝까지 잘 버텨 내 등에 짐, 삶의 무게가
생의 보람이요, 희락인 것을 알게 하소서
주여!

6장

범꼬리꽃: 호랑이 정기 품은 보물 주머니
(기간: 2021년 9월~2021년 11월)

아홉 고개 넘는 달

벌써 아홉 번째 달, 떴다가 지고
졌다가 다시 떠오른다
달덩이 비추는 곳마다 온갖 사연
만들고 바구니 한가득 담아
이 골짜기, 저 산 너머로 부지런히 나른다

어떤 이 떠오르는 달 보고 소망을 꿈꾸고
어떤 이 두둥실 함박웃음 짓던 날
서서히 지는 걸 보고 슬퍼 눈물짓지 않으랴!

달 뜨지 않으면 해 지지 않으리
달 지지 않으면 해 뜨지 않으리라

한 고개 두 고개 넘어
아홉 고개 넘어왔으니
앞으로 넘어갈 고개

해 저물면 이슬 젖은 달님 노래 듣고
달 지면 동해 물로 세수하고
깔끔한 얼굴로 단장한 태양
조명발에 나의 길 가리라

좋으련만!

시대를 밝히는 등불 아니어도
어둠에 있는 사람
손 뻗으면 잡을 수 있는 거리에
작은 불빛이었으면

시대를 깨우는 양심 아닐지라도
멍든 사람의 양심
그 상처 싸매 주는 작은 배려라면

두드리지 않아도
작은 소리에 귀 기울여
다가가 작은 손 내미는 용기라면

계절이 바뀌는 길목마다 찾아오는
작은 풀벌레, 풀꽃, 시원한 바람
뭉게구름, 창가로 스미는 햇살
다가가 작은 웃음으로 반긴다면

가고 없는가?

무심히 흘러간 세월
무얼 남겼나?
지우다 만 흔적은 없는지

무슨 꿈을 그렸나?
그리다 만 건 없는지

주위에 서성거리는
작은 흔적들
닮은 얼굴, 닮은 흔적
또 어디엔가 있겠지

길 가다 누군가의 작은 쉼터
그늘, 따스한 마음
신선한 공기 한 모금

눈길 돌릴 때
마주하며 즐거운 웃음 나오면
참 좋으리라

가을비 촉촉이 적시면

가을비 하염없이
주룩주룩 내립니다
여름내 메말랐던 땅 촉촉이
적실 수 있을까요?

지나치다 걱정하는 이들도 있지요
땀 흘린 들녘 시들어 멍들까 봐
무르고 상할까 봐, 마음 졸여요

뭐든 지나치면 모자란 것보다 못하다는데
이 비 그치면 푸른 들녘
예쁘게 몸단장하고 여물겠지요?

인간답게 살고자 하는 마음의 거리
거친 먼지 날고
마음 촉촉이 적시는 물줄기
가도 가도 황량한 들판인데
어찌 된 일인가요?

우린 언제나 땅의 문제에는

갈증을 느끼지만
사람답게 사는 자리에
메마르고 거친 마음 밭엔
눈으로도 귀로도 듣지 못한 세월
강물처럼 흘러 멈출 줄 모릅니다

어찌해야 메마른 마음
촉촉이 적실 수 있을까요?
어찌해야 참사람답게 사는지
어디에 귀 기울여야 할까요?
부끄러움 가릴 옷
어디 가야 사 입을 수 있을까요?

동창(東倉)

동창(東倉)의 고요한 아침
하늘 곱고도 아련하다

東倉은 옛집, 옛 거리
잡초는 무성
지나는 사람 드물고 낯설다

함께 꿈틀대던 꿈 어디 가고
몸 부대끼며 동화 써 내려간 아이들
어찌 옛사람이 되고 말았나!

   * 東倉: 학교면 사거리 명암 마을의 다른 이름.
        동쪽 창고라는 뜻

메마른 흔적

어머니 돌아가시고 오랜만에 찾은 고향 집
산소는 매년 형 동생들 벌초하고
올해 시간 맞아
형, 동생과 함께 길을 나섰다

반기는 건 왠지 낯선 골목
초라한 고향 집, 마당엔 봄부터
힘차게 자란 풀, 자연스러운 모습 뽐낸다
늙고 병들어 고향 집 홀로 지키는
큰형님 지치고 병든 모습으로 반긴다

고향 교회 공동묘지, 어머니 산소에 간다
동생과 예초기로 풀 깎고
갈퀴로 풀을 정리했다
햇볕은 뜨거웠으나 다행히
시원한 바람 충분히 견디게 한다
어머니는 왜 아무 말 없을까!

명암 집으로 돌아와 형과 함께
마당의 풀 베고 마당 가 울타리에

이리저리 뻗은 흉한 나뭇가지
낫과 톱으로 쳐냈다

몇 년 사람의 손 타지 않은 지붕
집 모퉁이, 헛간, 뒤뜰 장독대
어찌 이리도 적막한가?
사방팔방에 어머니의 정성 어린 손길
눈에 선한데…
늘 밖을 내다보며 전화하시던 거실 소파 창가
먼지 뒤집어쓴 잠동사니
어머니의 자리 대신하고 있다

싱크대도 아직 어머니의 손길 담고
어머니의 얼굴 반겨 주던 화장대 거울
차고 메마른, 야윈 몸 끝까지
따스하게 감싸 주던 이불장
이젠 일그러지고 먼지 때가 주렁주렁
방바닥 장판도 그대로 옛 주인 기억하며
점점 낡아 뒤틀리고 있다

화장실 천장에 거미줄
빨랫줄처럼 이리저리 매달려 있고
어머니 쓰시던 세탁기도 그대로

물통, 바가지들 윤이 번쩍번쩍한 게
모두 엊그제 같은데…

뒤꼍 옛 주인 따스한 손길 기다리는 장독대
부르면 곧바로 고개 내밀듯 옹기종기 앉아
어머니 그 다정하고 따스한 손길
배어나지 않은 곳 없어라

돌아가시기 전 그해 2월
타향 자식들 집에 들렀다
집에 돌아와 먼저 장독대 찾으시던 어머니
아직도 자식들 생각하며 된장 담가 둔
항아리 열고 벌레 슨 것들 주걱으로
몇 번이고 퍼내던 그 손길
봄꽃 만발하던 오월 저 하늘로 가신 어머니
눈앞에 아른거려 마음 아려 온다

인생은 이렇게 허무한가?
인생은 이렇게 한순간에 지나가는가?
생생하던 나그네의 삶의 흔적
어디 가고 이제 찾을 수 없는가?

가난하고 쪼들린 살림에도

매일 따스한 밥상 차려 내시던
그 고마운 손길, 그렇게 정다운 손길
고맙습니다. 감사합니다. 사랑합니다
제대로 말도 못 했는데…

이제 가고 안 계시니 어쩌란 말인가!
왜 귀한 분은 빨리 곁을 떠나는가?
왜 오래도록 동아줄로 묶어 둘 수 없는가!

      * 벌초하러 고향에 다녀와서
        2021년 9월 10일

굵은 땀방울만큼이나

아직 남은 일을 위해 머뭇거린 태양
이마 벗겨 내듯 햇볕 쏟아 냅니다

허리 휘고 모기는 제철인 양
달려들어 배 채우려 합니다

아직 추수하려면 좀 더 기다리라며
인내할 것을 요구합니다

이마엔 굵은 땀 송골송골 맺습니다
그 옛날 어린 시절 자꾸 떠오르고
그럴 때마다 가난해도 내색하지 않고
꿋꿋이 살아 낸 옛 얼굴 한없이
그립도록 자꾸 떠오릅니다

고개를 쳐들 때 굵은 땀방울만큼이나
열매는 토실토실 야무지게 여물어 갑니다
가슴엔 감사한 마음 뭉클 솟아납니다

올라간 하늘 높이만큼이나

마음도 꿈을 따라
하얀 구름 타고 올라갑니다

마음의 길을 따라

홀로 가는 인생 여정
가다가 만나는 이 누굴까?

스치면 서로 흔적 남길 텐데
아픔일까? 그리움일까?

들꽃 피어난 길 걷고 나면
작은 시내 건너며 친구 되고
골짜기 밭길 걷노라면
고개 넘어 평탄한 쉼터
어디쯤 기다리고 있으리라

뙤약볕 얼굴 벌겋게 물들일 때면
커다란 나무 두 어깨 벌려
시원한 그늘로 지친 어깨
감싸 줄 친구도 만나겠지

가끔 하늘 쳐다보면
목마른 입술 달래 줄
가슴속까지 파고들

맑은 샘도 흐르리라

가슴에 품은 꿈 함께 걷노라면
저 산 너머 하늘 내리는 곳
너와 나 정겨운 삶의 향기 담은
쉼터 있으리라

길 가노라면

길 가노라면
가을 전령 코스모스 향기
가슴팍 파고들고
눈 시리도록 파란 하늘
여전히 꿈 놓지 않는다

산길 가노라면
꽃범의꼬리 활짝 웃으며 반기고
봄날의 파란 꿈 간직한 반질반질 밤송이
무심코 걸어가는 발걸음
꽉 붙들고 놓을 줄 모른다

들길 한가하게 걷노라면
메뚜기 한 철 반기듯
누런 들판 뒤덮고
하늘 뭉게구름 지평선 입맞춤에 수줍다

고향길 걷던 발걸음
들길 지나고 강둑 건너고
낯선 타향 길 걷노라면

벌써 황량한 들길에
홀로 선 느낌은 왜일까?
이미 걸어온 길 돌아볼 수 있을지라도
다시 돌아가지 못하리니

한 번의 인생길 들꽃 반겨 줄
흰 구름 아름답게 수놓은 하늘
한번 바라보면 가슴 뻥 뚫리는
황금 들녘이면 더할 나위 없으리라

경건?

경건한 삶, 어디 있으랴?
먹는 데 경건 있고
마시는 데 경건 있겠지

옷 입는 데 경건 있고
걸음걸이에 경건 숨어 있으리라

두 눈으로 보는 것에 경건 있고
두 귀로 듣는 것에 경건 있다

두 콧구멍으로 숨 쉬는 데 경건 있고
조용히 잠자는 순간에도
경건 곁에 함께 눕는다

흐르는 강물에 발 담그고
하늘 그리는 그림
바라보는 데 경건 있으리라

천지 만물 지으신 신을 두려워하고
온몸과 마음 다해

사랑하는 것이 경건일진대

어디 고운 목소리로 찬양하고
목 놓아 소리쳐 기도하는 데만
경건 있으랴!

길을 가자!
하나님을 경외하며
사람답게 사는 길을 가자
사람답게!

그대의 아침

거르지 않고
아침이 되는 것을
반기는 사람은 행복하다

찬란한 햇빛에
웃음 지을 수 있다면
태양은 그대의 조명이리라

하늘 품은 마음으로 길가면
모두 함께 어울려
춤을 추리라

가끔 코끝 자극하는
향기를 만나면
그건 덤!

당신의 모습

가을비 내린 후
맑게 갠 파란 하늘 사이
하얀 치아 드러낸
당신의 밝은 웃음 봅니다

길 가면 나그네 반겨 주는
이름 없는 들꽃 마주치는 순간
그대의 끝없는 여유
너그러운 가슴을 만납니다

깊은 산, 깊은 골
고요히 흐르는 재잘거리는 골짜기
시원한 물 한없이 내려 주는
당신의 생수 맛봅니다

어디에 눈 두어도 마주치고 마는
풍성한 가을 열매의 단맛
당신의 땀에 대한
굳은 약속의 열정을 봅니다

수염, 왜 그래?

나는 언제부턴가 수염을 기른다
볼품없어도 기르고 대충 기른다

자신과 다른 모습
견디기 힘들어하는
사람 만나기는 어렵지 않다

못 견뎌서 기어코 묻는다
묻지도 않고 쑥 들어와
손으로 잡아 보는 사람도 있다
그렇다고 석 자는 아니다
3cm가 넘지 않는다

남의 얼굴에 신이 내려 준 수염
함부로 이러쿵저러쿵
가십거리로 얘기할 때마다
유쾌한 기억보다 불쾌할 때가 훨씬 많다

그때마다 나는 마음에 얘기한다
생각하지 못할 때, 하늘나라 가신 어머니

마음 다해 효도할 기회 놓친
그 일에 대해 애도(哀悼)한다

어찌 그 큰 사랑과 은혜에
보답할 수 있으랴!
어찌 그 정성, 그 손길
잊을 수 있으랴!

당신은 잊어도
난 잊을 수 없다
되돌릴 수 없으니 어쩌랴!

하늘, 우러러볼 수 있다면

눈을 떠, 세상을
바라볼 수 있다면
행복하다

길을 걷는다는 거
진리의 길 가는 것이다

봄볕에 얼굴 내민
새싹을 보는 거
생명의 환희 맛보는 것이다

찬란한 햇빛과
입맞춤한 꽃님
달콤한 사랑의 꿈 잉태한다

하늘, 우러러볼 수 있다면
온 우주, 유영하는 별들의
꿈 잔치에 참여하리라

태초에 열어 놓은 길

길을 갑니다
한없이 펼쳐진
길을 갑니다

태초에 열어 놓은 길
사랑자, 빚어 놓고
함께 가자 하던 그 길

가시밭길에
가끔 향기 나는 들꽃에서
영원을 함께하자던
사랑자 노래 들으며
길을 갑니다

허리를 동이고

남에게 함부로
배우라 하지 마라

들에 핀 꽃 한 송이에서
한 사랑 배우나니

초저녁 빛나는 별빛 따라
동녘 밝아 오는 순간까지
숨 쉬는 삶의 소중함 배우나니

누가 감히 내게 와
배우라 할 수 있으랴!

온 천하 만물 말한다
난, 네 스승이라

진리로 허리 동이고
온유와 겸손 배우라 하니

어찌 망설일 수 있으랴!

어찌 고집 피울 수 있으랴!
어찌 주저할 수 있으랴!

사랑만 살기에도

뭘 해도 미숙하다
처음 세상에 태어나
걷는 것부터, 말하는 것부터
먹을 만한 것까지

많은 시행착오 거친 후
사랑, 말로 하는 게 아니구나!

온몸으로, 온 마음으로
살아 내고도
아무것도 아닌 것처럼
아직 부족하다 하는 것이구나!

사랑만 하기에도 시간이 부족하다
사랑 알고
사랑을 사는 게 행복이거늘!

사랑이 이런 거구나 할 때
떠날 때 가까이 오리니!

♤ 사랑하는 아들 명진이 생일날

아들아!
오늘은 네가 이 땅에
처음 발을 내디딘 날
해와 달과 별들 너를 환영했단다

축하! 축하! 축하!
너의 삶을 통해
주께서 영광을 받으시길…

너를 바라보는 사람들
너를 보고 기뻐하기를!

네가 걸어가는 발걸음
힘이 있고
네가 바라보는 꿈
언제나 너에게 삶의 활력소 되길!

온 산과 물결치는 파도
쉼 없이 흐르는 저 강물 노래하고
밤사이 남몰래 자라나

살짝 피는 들꽃
아침 이슬과 함께 춤을 춘다

매일 떠오르는 찬란한 태양!
바로 너, 내 사랑스러운 아들
명진이를 위해 떠오른다는 걸
잊지 말아라!

                          * 큰아들 명진이 생일날

홀로 피어도 아름다운 코스모스

시리도록 파란 하늘
가득 담았기에
어찌 가슴 저미도록 아름다운가?

아무도 함께 가자고
손 내밀지 않아도
찡그리지 않는 얼굴

양식 어디 다 내어 주었기에
몸은 실바람 따라 흔들리나!

여린 몸 홀로 남아
텅 빈 황무지에 우뚝 서 있어
나그네 지친 어깨에 등 내준다네

날 저물어 나그네 쉴 곳 찾을 때
찬 이슬 머리에 이기까지
긴 밤 지새 동녘 물들 때
함께 얼굴 붉히누나

버려진 땅에 홀로 남아
아픈 가슴으로 지켜 낸 땅
찬란한 아침은 그대 얼굴에
지워도 지워지지 않은 향기 심누나

묶어 두고 싶어라

파란 하늘 사이로 떠도는 흰 구름
저렇게 친근할 수 있나?
눈이 부시게 높은 하늘
저 뭉게구름이면 어디든 날아갈 수 있으리

파란 하늘에 밀려난 숲속 바람
모른 척 내버려 두니
가슴속에 달려들어 콧노래 절로 나누나

길 따라 늘어선 들풀 반갑고
깜짝 놀란 메뚜기
귀뚜라미도 정겨워라

투박한 농부의 손길 뿌리치지 않아
힘차게 솟아난 열무
널따란 치마 한가득 두른 배추
가을 김장김치에 군침 돈다

가을, 땀 흘린 사람들
감사 거두는 때로구나

가을, 산과 들에 토실토실한 열매
가득 담은 환희의 바구니로다

가을, 바라만 보아도
풍성한 열매에 행복 한가득
괜히 지나다 아직 싱싱한
파란 고추에 말 건네고 싶다

연분홍 코스모스 향기
머물다 간 자리에 익어 가는 가을 길
묶어 두고 싶어라

소나무

기나긴 겨울잠 깨워 받아 낸
따사로운 봄 햇살로
새롭게 단장한 옷

모진 풍파 온몸으로 받아 낸
어떤 땐 끊어질 듯한
세찬 바람 견디느라 축 늘어진 양어깨

뜨거운 여름날도
천둥 번개 요란하던
거친 밤도 견뎌 내고

모두 살기 위해 온갖
화려한 옷깃으로 치장하다 배설물처럼
가만히 검은 땅에 떨구고
시치미 뗄 때

하얀 눈 온 천하 덮어
내 세상이라 할 때

조금씩 다가오는 봄볕
푸르른 꿈 간직한 그 눈빛
살짝 보여 주는 솔

너의 진한 향기
어찌 피해 갈 수 있으랴!

단 한 번만이라도

다시는 서러움에 울지 않으리
다시는 외로움에 떨지 않으리
다시는 배신감에 분노하지 않으리
다시는 그리움에 가슴 아파하지 않으리
다시는 오지 않는 꿈, 꾸지도 않으리

단단히 결심하며 험한 세상
독한 마음 풀지 않기 위해 매일
별밤 헤아리며 다짐하는 이들에게

이제 서러워도 괜찮아
이제 외로워도 괜찮아
이제 억울해도 괜찮아
이제 그리워도 괜찮아
이제 꿈꿔도 괜찮아

모든 걸 다 품어 내고도 남을
그 한 가지 사랑 맛보았어
이제 더는 슬프지 않아
이제 더는 괴롭지 않아

이젠 더는 외롭지 않아

이 고백, 반드시
메마른 입술에서 받아 내 주소서
인생의 밑바닥에 누운 자들
환희의 등불 보게 하소서

일생 살아가다
한 번은 꼭 울게 하소서
내게도 기뻐서 울 날 오다니
감격하는 날 오게 하소서

원 없이 울어 볼 날을 주소서
한이 섞인 눈물은 제하고
서러움 섞인 눈물은 제하고
괴로움 섞인 눈물은 제하고
마음껏 울어 볼 날 주소서

너보다 하루 더 사는 것이
내 소원이야
그래야 네 눈을 감기고
내가 편히 눈 감을 수 있지
노래처럼 하소연하는 장애인

엄마 기도에 귀 기울여 주소서

사방 어두운 삶 중심에 있다고 생각할 때
온갖 사나운 짐승과 독 머금은
곤충들 먹잇감 찾아
눈 두리번거리는 정글에서도
한 떨기 소낙비 지나간 뒤
태양과 마주친 맑고 밝은
나뭇잎처럼 빛나게 하소서

검은 바위 하얀 물결 따라
눈처럼 녹아 스러져
부끄러움도 없이 하얀 배 내놓고
아무도 오지 않는 미지의 섬 주인공
작은 모래 알갱이 얼굴 비추어
빛나게 하는 그 햇빛을 주소서

하루

나는 하얀 태양의 부름을 받고
홀로 선 농군입니다
내게는 커다란 쟁기 손에 들려 있습니다
온 힘 기울이지 않으면
한 발자국도 앞으로 가지 않습니다

낯설고 거친 황무지 자갈도 섞이고
가시넝쿨도 여기저기 눈에 띕니다
내가 오늘 갈아야 할 밭입니다

쟁기날도 닳겠지요. 손에 물집 생길 때쯤
목이 타올라 이빨 시리도록 시원한
찬물 한 그릇 한없이 그리울 겁니다

초대하지 않은 붉은 서녘 하늘
친구처럼 다가오지만 별 반갑지는 않습니다
그래도 오라면 가야지요
아침에 하얗던 태양 내 얼굴 붉게
물들게 하더니 서서히 꼬리를 내립니다
광야에 나만 홀로 세워 놓고

나에게

감사?
감사하며 살면 행복하지
은혜를 아는 사람이 감사한다잖아
은혜를 받고도 안 받은 것처럼
시치미 떼면 어려운 말로
배은망덕(背恩忘德)이라 하지

이기는 것에 너무 연연하지 마
그러면 승리에 도취해
패자의 가슴에 맺힌 눈물
닦아 줄 여유는 도망가고 말아

잘못한 사람에게 기어이
굴복을 받아 내지 말자. 너도 알잖아
같은 인간에게 온전히 굴복할 때
자존심 상하는 거

스스로 뉘우치고 용서를 구하면
그러면 기대 이상으로 좋지
그와 네게 둘 다 감동 온 거겠지

조금 잘한 일 해 놓고
칭찬을 구걸하지 말자
네가 받은 은혜에 비교하면
한강에서 한 바가지
물 퍼 나눈 정도지

용서는 용서하는 사람이
그만 됐다 할 때까지 해야 한다며?
용서하는 처지라면 먼저 용서하렴
안 그러면 네 마음이 쓰릴 거야

은혜?
은혜는 구걸해서 얻는 거지
어찌 은혜를 값 주고 사겠어?
은혜를 위해서라면
하늘까지 모가지도 늘어뜨리고
무릎까지라도 당연히 꿇어야지
어찌 꿇지 않은 무릎에 은혜가 임하겠니?

사는 게 은혜니라
사는 게 은혜야. 하늘의 은혜!
내 생각대로 되는 게 어디 있냐?
은혜? 맛보았다고?

맛보았으면 삶 속에서 맛이 나야지

한마디 더 하면
너 자신에게 연민의 눈물
나오려고 할 때 꾹 참아
네 삶에 동정을 느낀
하늘의 눈동자 이슬 맺히면
그땐 고개 숙여 울어라

당신을 위하여

모든 가난한 사람에게 부유함을
그들, 다른 사람의 부유함 위해
가난의 멍에 두 어깨에 졌기 때문입니다

모든 장애인에게 온전함을
그들, 모든 비장애인의 아픔 대신해
지금까지 살아온 날만으로도
충분하기 때문입니다

모든 슬퍼하는 사람에게 기쁨을
그들, 모든 사람의 슬픔
가슴에 안고 울었기 때문입니다

홀로 외로이 밤을 지새우는 사람에게
한없는 위로를
그들, 모든 사람의 외로운 자리
대신 지켰기 때문입니다

모든 아픔 안고 몸부림하는 사람에게
온전한 나음을

그들, 다른 모든 사람의 건강한 기쁨과
행복을 위해 대신 아팠기 때문입니다

주여! 이루어 주소서!

* 단원병원 610호 병실에서
2021년 10월 19일 화

사는 게 뭔지?

길 가다가도 물으라
이게 사람 사는 건가?

모든 걸 다 던져
성공이라는 자리에 섰을 때, 물으라
앞뒤 안 보고 마구마구 달려온
인생이 제대로 산 것인가?

고된 일 하다가
그만둬 버리고 싶을 때 물으라
사람 사는 일이기에 고된 건가?

아파서 누워 혼자 아픔 곱씹을 때
그때도 물어라
이거 사람 사는 길에
꼭 거쳐 가야 하는가?

사랑하는 사람, 오래 묵은 고목나무처럼
내 어릴 적 흉허물 다 알면서도
작은 상처 곁에 묻어 두고

바라보았던 그 사람
다가갈 수 없는 곳으로 떠나갈 때
인생이란 무엇인가 물으라

길 가다가 누군가 사람답게 사는 게
뭐냐고 다가와 묻는다면
그대는 뭐라고 대답할 것인가?

사람답게 사는 것이란…

솔향

모두 미련 없이 멍든 잎
땅에 떨굴 때
철모르는 아이처럼
견고히 붙들고 서서

푸르른 날개 다니
하늘 찌를 듯
뾰족 솟아나고

행여 새하얀 눈으로
온 세상 덮을 때
죽은 듯 고요한 세상

파아란 하늘 향해
짙은 향 홀로 발하니
나그네 콧구멍 너머로
타고 오는 향이여!

산행

길을 나섭니다
발걸음 항가울산으로 길을 잡습니다
시월 마지막 산은 여전히 다정합니다

병원에 있을 때, 마치 감옥 같아서 싫다고
간호사에게 투정을 부릴 때
그리워하던 바깥세상
참 자유롭고 시원합니다

언젠가 다시 집으로
돌아오기 위해 산책하러 나갑니다
한 걸음 두 걸음 걷다 보면
어느새 숲속에, 숲은 내 속에 있습니다

조그만 깔딱 고개를 오르면
어찌 알고 입이 자동으로 열립니다
걸음은 늦어지고 숨은 차오릅니다

그래도 산은 어깨 넓고 포근합니다
한 번도 싫다 좋다 옷 입은 모양 어떻다

시비 걸지 않습니다

숲속을 거닐면 푸르른 솔향으로
버무린 흙냄새로 감싸고
그늘엔 시원하고 태양을 마주하면 따뜻합니다
숲 사이, 작은 풀벌레에 내리는 햇살
내 마음 창고에 저장해 두어야겠습니다

칠흑 같은 어둠 오면 그때 조금 꺼내오고
시린 겨울 하얀 눈으로 세상 덮을 때
햇살 한 자락 가만히 내어 놓으럽니다

가을 길, 가야

가을 길, 가야 합니다
그냥 두면 훌쩍 지나갈까 봐
가을을 걸어갑니다
가을 건너 기나긴 겨울
온다기에 마중 나갑니다

옷깃 여미고 길을 걸어야 하겠습니다
바람도 바람이지만
마음마저 움츠러들지 않도록…

식은 마음에 따뜻한 온기 불어넣을
말, 작은 배려, 관심 어린 눈길
있었으면 더욱 좋을 것 같습니다

길을 가다 보면 외로워도
다리 휘도록 홀로 자기 터 지킨 소나무
다 지고 난 자리에 가을 전령인지
겨울 마중물인지 연분홍 코스모스
코끝에 달라붙은 향, 떨어지지 않습니다

모두 자기 길에 외롭지만
당당히 서 있습니다
벌써 한 해를 돌아보라고
얘기하는 벗들이 많습니다

서리 머리에 이고, 시린 몸 가리는
무, 배추도 정겹습니다
쌀쌀한 바람 고요한 가을 노래에
혼자 놀 줄 아는 잔물결
서녘 하늘 무르익어 더욱 찬란합니다

이 비 그친 후면

가을비 촉촉이 내린다
깊어 가는 가을을 다하는 비일까?
겨울 재촉하는 비일까?

가을비 많이 내린다
낙엽, 사정없이 내리쳐 떨어뜨린다
이미 땅도 젖고 내 마음도 촉촉하다

수많은 사연 품은 노란 낙엽
사랑에 멍든 가슴 붉게 물든 낙엽
다하지 못한 무슨 사연이길래
떨어뜨리지 못하고 푸른 잎
언제까지 공중에 매달아 두려나?

이 비 그친 후면 오실 이 오실까?
이 비 그친 후면 그리운 임 오실까?
이 비 그친 후면 여름내
쌓아 올린 사연 열매 안고
따스한 겨울 맞아 줄까나?

떠나는 가을

가을, 내 가슴
다 여물기도 전에
떠나는구나

아니, 벌써
겨울 맞으라 재촉한
저 하얀 눈 좀 보소!

그대로 밀어낸다면?
누구의 힘이 셀지
버텨 볼 수 없을까?

밀려서라도 가야지
한 걸음 밀리는 이유 헤아리며
버티는 까닭 곱씹으며

가자, 콧노래라도 부르며
오라면 가야지
멋진 겨울을 그리며…

살다 보면

살다 보면, 어려서 철이 없어서
청춘이기에 동서남북
사방팔방 뛰어다니느라
결혼해서 아내와 자식 살피느라

장년이 되어선, 지는 낙엽에도
마음 울렁일 때, 자기 연민에 빠져
사람답게 사는 길
눈길 거두고 살지 않았나
돌아봅니다

살다 보면, 나만의 삶이 다인 양
내가 삶의 주인인 양
때론 내 취미 때문에, 직업 때문에
엄마, 아빠이기에

인간적으로 사람 냄새 나는
사람다운, 인간다운 삶에서
거리가 먼 삶
혹, 지나오지 않았나 돌아봅니다

뜨거운 태양 피하지 않고
낯 뜨겁게 받아 낸 삶의 열정으로
빨간 단풍 물들고

늦은 가을비 내리는 날이면
조금 주저함 없이
미련이나 아쉬운 맘 내려놓고
조용히 누군가 밟고
지나갈 자리에 눕습니다

그대는

그대의 인생은
무엇이오?

그대, 삶의 색깔은
무슨 색이오?

그대, 삶의 이야기는
무엇을 담고 있소?

그대!
평생 함께 길 걸으며
얘깃거리 함께 나누어도
좋을 사람

그대여!
그 사람 옆에 있는가?

걷기

봄, 길을 나선다
아지랑이 피어오르는 언덕 너머
봄 길을 간다

여름, 길을 나선다
폭풍 소리 귀를 때리고
장맛비 가슴속 파고들 때
온몸으로 삶의 현장 몸부림하며
길을 간다

가을, 길을 간다
어느새 어린 시절 보던 느티나무
노란, 빨간 잎으로 옷 입고
함께 어우러져 반기는
길을 간다

겨울, 길을 나설까?
푸르던 청춘도 잠잠하고
끝없이 달려가던 들판도
새하얀 눈으로 뒤덮여 다가선다

가자! 가야지
온몸으로 살아 낸
봄, 여름, 가을, 겨울
그 어깨에 기대어
길을 간다

결전을 앞둔 마음

누구나 한 번은 결전을 앞둔
무대 앞에 서게 됩니다

두려움과 떨림이 없다면
삶은, 살아 있음에 진실함
멀리 떠난 뒤의 일이겠지요

한순간 일생을 결정짓는 예도 있지만
꼭 그렇지만은 않습니다
일생이 순간순간
얘기해 줄 날 올 것입니다

지나고 나서 그때 일 돌아보면
두렵고 크게만 보였던 그 일
아주 작고 미미한 것인데
어리석게도 삶의 전부인 양 놀라고
당황하고 초라한 자신의 모습 보게 될 것입니다

우리의 삶, 울며 보내는 하루와
웃으며 보내는 하루가

지나고 보면 크게 다르지 않습니다
그 무엇 하나 소중하지 않은 게
없다는 걸 깨닫게 됩니다

내 삶이 하찮고 소중하게
생각하지 않는 그 순간 있다면
그 사람의 삶 새털처럼 가벼워
작은 바람에도 날아가 버릴 것입니다

삶, 하늘 아래 진실하고 진지하다면
들에 핀 한 송이 꽃 보고 웃을 수 있다면
그 삶, 천지의 영광 가득 담은
한 송이 꽃 같을 것입니다

내 삶, 나만이 아니라 또 다른
어떤 사람의 유익을 위한 작은 몸부림이라면
아니, 언젠가 돌아보면 자신
참 많은 돌봄 속에 있었다는 걸
알게 될 것입니다

반딧불이같이 나의 작은 몸짓
어두운 밤일수록 더욱 빛나는
아니, 영원히 지지 않는 작은
우주의 불꽃일 것입니다

바람 부는 날

누가 시키지 않아도 움츠리고
자연스럽게 옷깃을 여밉니다

바람 한 번 불었을 뿐인데
온 천지가 추위에 떱니다

당연히 눈발 날리면 춥고
찬바람 불면 옷깃을
여민다는 걸 알지만

여기 더 춥고 떠는 사람 있습니다
누가 건들지 않아도 흔들리고
누가 혼내지 않아도 삶이
두려운 사람이 있습니다

그게 누구입니까?
혹 우리 곁에 있지 않습니까?
내가 그들을 가려 남들 눈에
띄지 않게 하고 있지 않은지요?

옷깃 여민 그 손길로
어느 누군가 함께
훈풍을 느낄 수 있다면

찬바람 막는 그 열정으로
또 다른 나
어느 이웃 곁으로 다가간다면

충격

세상에 처음 눈을 떴을 때
모든 것 신비하고 찬란했다
세상에 전혀 없던 생명
여동생이 태어나 신기했다
어디서 왔지?

함께 깨복쟁이 친구 하며
동네 보에서 불알 달랑거리며
놀던 친구 부모 따라 서울로 이사해
늘 보던 친구 한순간 사라졌다

칠 남매 중 호랑이띠 큰누나
청소 안 했다고 초등학생 동생을
발로 짓밟으며 혼낼 때는 아주 무서웠는데
내 나이 열일곱 될 때, 낯선 남자를 따라
아주 낯선 땅
물선 동네로 시집가는 누나 볼 때
뭐라고 형용할 수 없는 기분
우리는 형제이니 평생 엄마랑 아빠랑
함께 살 줄 알았는데…

대입학력고사 보고
일주일쯤 지났던 때던가?
자취방에 큰 글씨로 아버지 돌아가셨으니
빨리 고향으로 내려오라니

그 후로 삼십 년 지나서
적어도 구십구 세까지는
끄떡없을 줄 알았던 어머니
여든아홉에 저 하늘나라로 가셨다
늘 그립고 사랑하는 어머니
이 세상 떠났다

이제 그리워도 천리타향
달려가 볼 곳 없다
아무리 아니라 해도 소용없다는 걸
세월 흐를수록 뼈저리게 느끼고 있다

그 누가 이내 마음 알까?
누구나 그 나이 어버이
빈 둥지 홀로 지키며 집 떠난
자녀들 기다리는 그 자리
그 누가 알까?